はじめに

　本書は、国家資格「ファイナンシャル・プランニング技能検定（FP技能検定）」２級（実技試験）の合格を目指す方のために、"試験の達人"ならば、こうしたノートを作って試験に臨むであろうと想定して制作したものです。

　FP技能検定は、学科試験＋実技試験という形で実施され、両方の試験に合格する必要があります。試験実施機関は、日本FP協会と金融財政事情研究会の２機関で、それぞれが学科試験と実技試験を実施します。学科試験は同一の試験問題ですが、実技試験は試験範囲が異なる業務別の選択試験となっています。

　本書は、日本FP協会が実施する実技試験「資産設計提案業務」に対応したテキストです。

　この実技試験の合格率は、概ね50〜65％程度の合格率ですが、こうしたレベルの試験で大切なことは、何よりもまず①基本をしっかりと覚えること、そして②覚えた知識を正解に結びつける応用力を身につけることです。本書では、①のために、問題を解くのに必要とされる基本知識を各項目の最初に「重要ポイント」としてまとめました。そして②のために、関連する演習問題を次のページ以降に掲載しました。こうすることにより、習得した知識を実際に問題を解きながらさらに深めることができます。

　一にも二にも、基本の習得→問題による演習→復習・確認の繰返しこそ、試験合格への早道です。そのために、このノートをフル活用してください。

2024年５月

FP技能検定対策研究会

重要ポイント・演習問題編

A.ライフプランニングと資産計画

B.リスク管理

C.金融資産運用

「ファイナンシャル・プランニング技能検定」について

●ファイナンシャル・プランニング技能検定とは

「ファイナンシャル・プランニング技能検定」（FP技能検定）は、職業能力開発促進法に基づき、ファイナンシャル・プランニングの技能を国として証明する国家検定制度です。この技能検定の合格者に付与される「ファイナンシャル・プランニング技能士」（FP技能士）は国家資格であり、技能検定合格者しか名乗れない名称独占資格（永久資格）です。

　FP技能検定は2002年度から実施されているもので、厚生労働省から指定試験機関の指定を受けた特定非営利活動法人日本ファイナンシャル・プランナーズ協会（日本FP協会）と社団法人金融財政事情研究会が試験を実施しています。

　日本FP協会では、協会独自のFP資格である"AFP"認定の要件として、4つの要件（教育、試験、経験、倫理）を満たすことを義務づけていますが、このうちの「試験」に当たる部分としてFP技能検定（2級）を位置づけています。また、金融財政事情研究会は従来の「金融渉外技能審査」（FP認定試験）に代わる形でFP技能検定を実施しています。

図表1．FP技能士とCFP®資格・AFP資格

FP資格の種類		CFP®	AFP	FP技能士
資格分類		民間資格 （国際資格）	民間資格 （国内資格）	国家資格
資格認定機関		NPO法人日本FP協会		国（厚生労働省）
4Eの有無	教育 （Education）	認定研修の修了、 継続教育の義務		―
	試験 （Examination）	指定試験の合格 （FP技能検定を含む）		FP技能検定の合格
	経験 （Experience）	FP実務の実践		金融サービス全般の 実務経験年数
	倫理 （Ethics）	倫理規程の遵守、 約定書の署名と本人確認		―
資格更新の有無		2年毎に更新が必要		更新は不要

CFP®、CERTIFIED FINANCIAL PLANNER®およびサーティファイド　ファイナンシャル　プランナー®は、米国CFPボードの登録商標で、ライセンス契約の下にNPO法人日本FP協会が使用を認めています

●FP技能検定の概要

(1) 試験の概要

　FP技能検定は、１級、２級、３級の等級に分かれています。それぞれ学科試験と実技試験が行われ、それぞれ別に合否が判定されます。

・学科試験または実技試験の合格者・・・一部合格書が発行されます。

・学科試験と実技試験の両方の合格者・・・合格証書が発行されて「FP技能士」を名乗ることができます。

（注）一部合格者には試験免除制度があり、それぞれの試験が免除されます（試験免除期限は合格した試験の翌々年度まで）。

(2) 試験科目、出題形式、合格基準、試験範囲

　学科試験は日本FP協会と金融財政事情研究会で同一の試験問題ですが、実技試験は試験範囲が異なる業務別の選択試験となっています。

　２級試験の場合、学科試験はマークシート方式（四答択一式）で６科目の試験範囲から60問出題され、60％以上の正解で合格となります（日本FP協会、金融財政事情研究会とも共通）。

　実技試験は記述式で、択一、語群選択、空欄記入、計算問題などが組み合わされて出題されます。日本FP協会では40問の出題、金融財政事情研究会では事例形式５題（15問）の出題で、60％以上の正解で合格となります。

(3) 受検資格

　２級の受検資格は、①FP業務に関し２年以上の実務経験を有する者、②日本FP協会が認定するAFP認定研修の修了者、③３級の合格者となっています。

　実務経験とは、資産の設計・運用・管理およびこれらに係わる相談業務、コンサルティング業務に携わった経験をいいます。かなり抽象的な定義ですので、具体的な受検資格の有無については各試験実施機関にお問い合せください。

　実務経験がなく、日本FP協会認定研修も受講しない場合には、３級からの受検となります。３級の受検資格は、FP業務に従事している者または従事しようとする者となっていますので、実質的に誰でも受検することができます。

(4) 複数試験機関方式

　FP技能検定は、日本FP協会と金融財政事情研究会の２機関が実施します。両者とも2024年度までは年３回（５月、９月、１月）、同じ日の同じ時間帯に実施されます。そして、午前の学科試験は両者とも同一問題が出題され、午後の実技試験はそれぞれの業務別試験となります。

　なお、2025年度からはCBT方式の試験に移行します（次ページ図表２の注記参照）。

図表2．2級FP技能検定の概要（2024年度）

	出題形式	試験時間	合格基準	実技試験の選択科目	実施機関
学科試験	マークシート方式（四答択一式60問）	120分	満点の60％以上	—	日本FP協会 金融財政事情研究会
実技試験	記述式（択一、語群選択、空欄記入、計算など）	90分	満点の60％以上（各問の配点は非公開）	資産設計提案業務	日本FP協会
				個人資産相談業務 中小企業資産相談業務 生保顧客資産相談業務 損保顧客資産相談業務	金融財政事情研究会

※2025年度からは、日本FP協会の実施試験、金融財政事情研究会の実施試験とも、CBT試験に移行します。出題形式や合格基準に変更はありませんが、CBT試験になると、紙ではなく、テストセンターのパソコンで解答する形式となり、受検生ごとに試験問題が異なるようになります。

　試験は通年で行われ、受検生が希望する日時に受けることができます（一部休止期間を除く）。会場は、全国のテストセンターの中から、受検生が希望するセンターで受験することになります。

　なお、金融財政事情研究会では、「学科」および「実技試験」の「個人資産相談業務」「中小企業主資産相談業務」の3科目についてのみ、従来の紙方式での試験を、2025年5月試験としてCBT試験と並行実施します（同試験をもって2級の紙方式の試験は終了）。

図表3．実技試験の概要（日本FP協会〈資産設計提案業務〉）

●試験範囲　学科試験の試験範囲について、下記の項目を審査する

試験科目およびその範囲	範囲の細目
1．関連業法との関係および職業上の倫理を踏まえたファイナンシャル・プランニング	ファイナンシャル・プランナーと関連業法との関係や、ファイナンシャル・プランナーに求められる職業上の倫理を正しく理解したうえで、適切なプランニングが行えること。ファイナンシャル・プランニングの現状を正しく理解したうえで、顧客に説明できること
2．ファイナンシャル・プランニングのプロセス	顧客に適切な方法でファイナンシャル・プランニングのプロセス全体にかかわるポイントや概念を説明できること
3．顧客のファイナンス状況の分析と評価	顧客のデータを把握するとともに、顧客の生活設計上の希望や目標を適切に整理できること
4．プランの検討・作成と提示	キャッシュフロー分析・個人バランスシートの分析・保障分析・税金分析などにより、顧客の全体像を分析し、課題を説明できること。顧客の立場に立った提案ができること

●出題形式
　筆記試験（記述式※）
　　上記の試験範囲について、以下の点に関する技能を記述式のペーパーテストで問う
　　　・各科目における図表等の読み取り、諸計算等
　　　・ファイナンシャル・プランニングの基礎や提案書作成技術、係数表の利用等
　　　・事例に沿った分析・提案等
　　　※「記述式」とは、択一、語群選択、空欄記入の各形式を含む

図表4．2級FP技能検定・試験結果

実施時期	試験科目		受検申請者数	受検者数（A）	合格者数（B）	合格率（B／A）
2022年5月	学科	金財	47,971	36,863	8,152	22.11%
		日本FP協会	34,877	27,678	13,617	49.20%
	実技	個人資産相談業務	16,701	12,319	3,874	31.44%
		資産設計提案業務	30,454	23,237	14,432	62.11%
2022年9月	学科	金財	44,968	34,872	5,495	15.75%
		日本FP協会	31,989	26,265	11,074	42.16%
	実技	個人資産相談業務	15,634	11,716	4,867	41.54%
		資産設計提案業務	27,115	21,516	12,167	56.55%
2023年1月	学科	金財	47,555	36,713	10,676	29.07%
		日本FP協会	37,352	29,466	16,537	56.12%
	実技	個人資産相談業務	16,943	12,487	4,257	34.09%
		資産設計提案業務	31,645	23,944	14,283	59.53%
2023年5月	学科	金財	35,898	27,239	4,772	17.51%
		日本FP協会	30,511	24,727	12,072	48.82%
	実技	個人資産相談業務	13,187	9,827	3,908	39.76%
		資産設計提案業務	27,999	22,167	12,991	58.61%
2023年9月	学科	金財	36,884	28,094	6,393	22.75%
		日本FP協会	29,220	23,917	12,804	53.54%
	実技	個人資産相談業務	12,444	9,065	3,750	41.36%
		資産設計提案業務	26,198	20,892	10,867	52.02%
2024年1月	学科	金財	37,990	29,226	3,881	13.27%
		日本FP協会	33,648	26,563	10,360	39.00%
	実技	個人資産相談業務	13,675	10,036	3,725	37.11%
		資産設計提案業務	31,907	24,632	15,055	61.12%

＊最新の試験の結果は、金財・日本FP協会のHPで確認できます。

●FP技能検定の問合せ先（試験実施機関）
NPO法人日本ファイナンシャル・プランナーズ協会　試験事務課
　　TEL　03-5403-9890　　　https://www.jafp.or.jp/
　　一般社団法人金融財政事情研究会　検定センター
　　TEL　03-3358-0771　　　https://www.kinzai.or.jp/

実技試験「資産設計提案業務」の出題傾向

　日本FP協会が実施する実務試験（資産設計提案業務）は、全部で40問出題され、合格ラインは60％以上の正解となっています。出題形式は、計算問題、四肢択一問題、語群選択問題、空欄記入問題、○×問題とバラエティに富んでおり、学科試験の範囲について幅広い知識が要求されるものとなっています。

　日本FP協会の学科・実技試験のこれまでの出題傾向は、下表のとおりです。

図表5. 実技試験「資産設計提案業務」過去10回の出題傾向

	2021年			2022年			2023年			2024年	過去10回合計	出題率
	1月	5月	9月	1月	5月	9月	1月	5月	9月	1月		
A ライフプランニングと資金計画											149.5	37.4%
1. ファイナンシャル・プランニングと倫理												
2. ファイナンシャル・プランニングと関連法規							2	2	1.5		17.5	4.4%
3. ライフプランニングの考え方・手法	7	7	7	6	7	6	7	6	7	6	66	16.5%
4. 社会保険	3	3	2	3	2	2	4	2	3	3	27	6.8%
5. 公的年金	1	2	1	1	2	2	1	3	2	1	16	4.0%
6. 企業年金・個人年金等					0.5	1		1	0.5		3	0.8%
7. 年金と税金												
8. ライフプラン策定上の資金計画	3	1	4	1	2	2	2	1	2	1	19	4.8%
9. 中小法人の資金計画												
10. ローンとカード				1							1	0.3%
11. ライフプランニングと資金計画の最新の動向												
B リスク管理											47	11.8%
1. リスクマネジメント												
2. 保険制度全般										1	1	0.3%
3. 生命保険	3	3	2.5	0.5	1	3	1.5	4	3	3	24.5	6.1%
4. 損害保険	1	1	2	1	2	1	1.25	1	2	1	13.25	3.3%
5. 第三分野の保険		1	0.5	2.5			2.25				6.25	1.7%
6. リスク管理と保険						1			1		2	0.5%
7. リスク管理の最新の動向												
C 金融資産運用											56.5	14.1%
1. マーケット環境の理解		1				1				1	3	0.8%
2. 預貯金・金融類似商品等							1	1			2	0.5%
3. 投資信託	2		1	2	1	1			1.5	2	10.5	2.6%
4. 債券投資	1	1	1			1	1	1	2	2	10	2.5%
5. 株式投資	1	1	1	2			1	1	1		8	2.0%
6. 外貨建商品	1	1			1			1			5	1.3%
7. 保険商品												
8. 金融派生商品					1						1	0.3%
9. ポートフォリオ運用												
10. 金融商品と税金	1	1	2	1	2.5	2	2	1		3	15.5	3.8%
11. セーフティネット					1						1	0.3%
12. 関連法規										0.5	0.5	0.1%
13. 金融資産運用の最新の動向												

	2021年			2022年			2023年			2024年	過去10回合計	出題率
	1月	5月	9月	1月	5月	9月	1月	5月	9月	1月		
D タックスプランニング											62	15.5%
1．わが国の税制												
2．所得税の仕組み	1	1	1	2				1	1	2	9	2.3%
3．各種所得の内容	2	3	2	4	2	2	2	2	2	2	23	5.8%
4．損益通算	1	1		1			1	1	1		6	1.5%
5．所得控除	1	3			3	3		1	1	1	13	3.3%
6．税額控除		1	1		1			1			4	1.0%
7．所得税の申告と納付				1			2	1		1	5	1.3%
8．個人住民税												
9．個人事業税												
10．法人税			0.5								0.5	0.1%
11．法人住民税												
12．法人事業税												
13．消費税		1	0.5								1.5	0.4%
14．会社、役員間および会社間の税務												
15．決算書と法人税申告書												
16．諸外国の税制度												
17．タックスプランニングの最新の動向												
E 不動産											41	10.3%
1．不動産の見方	1		2	1	2		1		1		8	2.0%
2．不動産の取引	1					1		1		1	4	1.0%
3．不動産に関する法令上の規制	1	1	1	1	1	1	1	1	1	1	10	2.5%
4．不動産の取得・保有に係る税金	1	1			1		1	1	1	1	7	1.8%
5．不動産の譲渡に係る税金				1	1	1		1	1	1	6	1.5%
6．不動産の賃貸			1							1	2	0.5%
7．不動産の有効活用		1			1		1	1			4	1.0%
8．不動産の証券化												
9．不動産の最新の動向												
F 相続・事業承継											44	11.0%
1．贈与と法律												
2．贈与と税金	1	1	2	1		1	1	1			8	2.0%
3．相続と法律	1	1		2	2	1	1	2	2	1	13	3.3%
4．相続と税金	1	1	1		1	1	2		1	1	9	2.3%
5．相続財産の評価（不動産以外）										1	1	0.3%
6．相続財産の評価（不動産）	2	1	1	1	2	2	1	1	1	1	13	3.3%
7．不動産の相続対策												
8．相続と保険の活用												
9．事業承継対策												
10．事業と経営												
11．相続・事業承継に関する最新の動向												
計	40	40	40	40	40	40	40	40	40	40	400	100%

全体の傾向

「資産設計提案業務」の実技試験では、下記6科目の分野からFP実務を意識した内容で総合的に出題されますが、学科試験の応用問題という印象があります。四肢択一だけではなく、計算を行うもの、語群から記号で答えるもの、語句で答えるものなど、解答方法もさまざまです。

分野に関しては「ライフプランニングと資金計画」からの出題が多く、全体の3分の1程度を占めています。

学科試験にない特徴として、資料を読み込みながら答える問題が数多く出題されるため、過去問で資料の読み取りに十分に慣れておく対策が必要です。プランニングやアドバイスの際に留意したい税理士法、投資顧問業法、金融サービス提供法（旧名称：金融商品販売法）など周辺の関連法規の基礎的な問題も毎回出題されます。

A.ライフプランニングと資金計画

実技試験では、他の5科目と比較して、この科目からの出題数が圧倒的に多くなっています。主なポイントとしては、関連業法の順守、キャッシュフロー表や個人バランスシートなど提案書を作成するための関連知識などが挙げられます。また、複利計算を簡便に行う6つの係数の計算問題は毎回3問程度出題されています。

社会保険分野からは、公的年金の老齢給付・遺族給付、健康保険の給付内容、雇用保険・労災保険の概要など幅広く出題されていますが、基本的な知識をしっかりと整理しておけば確実に答えられる問題が出題されます。

B.リスク管理

「リスク管理」では、生命保険分野の出題率が高く、保険証券の内容を読み取る問題が毎回出題されています。これは実務上、「保険の見直し」の相談が多いことを反映しているといえます。読み取りの知識があれば、学科試験の学習で解答できると考えられます。

また、保険税務もよく出題されています。

C.金融資産運用

「金融資産運用」では、計算問題として、株式の投資指標であるPER、PBR等の計算、債券の利回り計算、外貨預金の手取り額や損益分岐点となる為替レートの計算等が出題されます。

セーフティネットや金融サービス提供法（旧名称：金融商品販売法）、消費者契約法などについても出題されます。FP業務に直接関係のある最新金融動向についても出題されることがあります。

D.タックスプランニング

「タックスプランニング」では、ライフプランニングで重要となる所得税が出題の中心です。

主に所得税の計算問題（所得金額、所得控除などを求める問題）が頻繁に出題されています。基本的な知識を整理して、計算に慣れておきましょう。

E.不動産

「不動産」の分野は、登記事項説明書・不動産広告など資料を使用した問題や不動産関連の税金に関する問題などが出題されています。

また、建蔽率・容積率を使った計算問題も出題されています。

F.相続・事業承継

「相続・事業承継」においては、相続人、法定相続分や遺言などの民法における取扱いと相続税の計算などが出題されます。

また、宅地の評価を中心にした財産評価に関する問題もよく出題されています。

贈与については基本的な税金計算問題などが出題されています。

本書の使い方

●学習範囲

本書は、日本FP協会の実技試験（資産設計提案業務）で出題される可能性の高い分野についてまとめています。

●構成

実技試験は、学科試験の試験範囲について、実務的な知識を審査する試験です。そこで、学科試験の試験範囲の科目に従って各項目を構成しています。

各項目は次のようにまとめています。

(1) 「重要ポイント」のページ

実務試験の問題を解く上で必要となる重要ポイントをまとめています。

また、右上に欄を設け、出題可能性の高さに応じて★印を付けました。

★★★：出題される可能性が非常に高い

★★　：出題される可能性が高い

★　　：出題される可能性がある

(2) 「演習問題」のページ

「重要ポイント」のページにまとめた項目についての問題を掲載し、右欄にチェックポイントと正解を掲載しています。

また、重要度の高い項目や理解しづらいと思われる項目については、さらにチャレンジ問題として過去問を中心に掲載しています（「解答と解説」は巻末にまとめています）。

●試験問題における復興関連税制の取扱いについて

　試験で、所得税の税率等に関係する問題が出題される場合、復興特別所得税を考慮する場合と考慮しない場合があります。対応としては、重要な所得税率については、復興特別所得税を含まない税率をしっかりと覚えて、あとは所得税については2013年から25年間は2.1％の復興特別所得税が加算される、ということを理解しておけばよいと思われます。

〈復興特別所得税〉

　個人で所得税を納める義務のある人は、2013年から2037年までの各年分につき、復興特別所得税（基準所得税額×2.1％）を併せて納めることになっています。

　例えば、預貯金の利子に対しては、所得税15％＋住民税5％＝20％の税率で源泉分離課税されますが、復興特別所得税を考慮すると、所得税15.315％（15％×1.021）＋住民税5％＝20.315％の税率となります。

〈重要ポイント・演習問題編〉

A ライフプランニングと資金計画

B リスク管理

C 金融資産運用

D タックスプランニング

E 不動産

F 相続・事業承継

1. 関連業法と職業上の倫理

出題傾向	●ＦＰの関連法規・倫理については、学科試験でもよく出題されるが、協会実施の実技試験でも、出題される可能性が高い。

●ＦＰ業務と関連法規●

税理士法との関連	・業として行う税務相談は、有償・無償を問わず、税理士でないと行うことができない 〈例〉 ・個別具体的な税務相談→税理士でないとダメ ・仮定の事例に基づく計算、一般的な税法の解読→税理士でなくてもＯＫ
金融商品取引法との関連	・有価証券や金融商品の価値等の分析に基づく投資判断について助言することは、金融商品取引業者（投資助言代理業、従来の投資顧問業者）でないと行うことができない 〈例〉 ・業として行う有価証券などのポートフォリオ・プランニング→金融商品取引業者の登録を受けていないとダメ ・景気動向、企業業績などの一般論についての情報提供や現在・過去における有価証券の価値を知らせる→金融商品取引業者でなくてもＯＫ
弁護士法との関連	・弁護士でない者は、報酬を得る目的で一般の法律事務を取り扱うことを業とすることができない 〈例〉 ・遺言状の作成指導や遺産分割に関する具体的な法律判断→弁護士資格のないＦＰが行うと「一般の法律事務の取扱等の禁止」規定に抵触する
保険業法との関連	・保険の募集は保険募集人の登録を受けていないと行うことができない 〈例〉 ・保険の募集や勧誘を行うこと→保険募集人でないとダメ ・生命保険の一般的な商品性と特徴を解説→保険募集人でなくてもＯＫ

●消費者契約法と金融サービス提供法●

消費者契約法	法律	金融サービス提供法
消費者契約全般	適用範囲	金融商品販売等に係わる契約
個人（事業のために契約をする個人を除く）	保護の対象	個人および事業者（プロを除く）
・重要事項について誤認させた場合（不実告知、断定的判断の提供、不利益事実の不告知） ・困惑惹起行為をしたとき（不退去、退去妨害など）	法律が適用される場合	・次の事項について、説明義務違反をしたとき ①元本割れが生じるおそれの有無およびその要因 ②権利行使期間の制限等
契約を取り消しできる	法律の効果	損害賠償（元本欠損額）を請求できる
原告（消費者）に立証責任あり	立証責任	重要事項の説明がなかったことについては原告（消費者）に立証責任
追認できるときから１年または契約締結から５年	時効	民法に準ずる

●金融商品取引法●

　証券取引法を中心として、投資家保護をさらに拡充するため対象商品を有価証券から金融商品全般に拡充した。さらに、行為規制を定めたり投資家をプロとアマに区分けするなどしている。また、広告等の表示についても具体的表示が求められることとなった。

【問1】 ファイナンシャル・プランナー（以下「FP」という）が、ファイナンシャル・プランニング業務を行ううえでは「関連業法」を遵守することが重要であるが、次の（ア）〜（エ）の記述について、適切なものには○、不適切なものには×を解答欄に記入しなさい。

（ア）税理士資格を有しないFPが、顧客の個別具体的な相続税納付額の計算を無償で行うこと。
　　　　　　　　　　　　　　　　①

（イ）弁護士資格を有しないFPが、顧客からの遺産分割に関する相談に対し、単独で具体的な法律判断を下すこと。
　　　　　　　　　　　　　　　　　　②

（ウ）保険募集人資格を有しないFPが、知人である保険代理店社員に代わり、保険募集を行うこと。
　　　　　　　　　　　③

（エ）投資助言・代理業、投資運用業の登録をしていないFPが、投資判断の参考となる景気動向や経済指標等の統計データを提示すること。
　　④

正解	
（ア）	×
（イ）	×
（ウ）	×
（エ）	○

【問2】 「金融サービスの提供に関する法律（金融サービス提供法）」に関する次の（ア）〜（ウ）の記述について、適切なものには○、不適切なものには×を解答欄に記入しなさい。

（ア）定期預金、国債、生命保険、外国為替証拠金取引は、いずれも金融サービス提供法の適用対象となる金融商品と定められている。
　　　　　　　　　　　　　①

（イ）金融サービス提供法による保護の対象について、個人はすべての者が対象となるが、法人はすべて対象外と定められている。
　　　　　　　　　　　　　　　　　　②

（ウ）金融商品販売業者が重要事項の説明を怠り、そのために顧客に損害が生じた場合、顧客は損害賠償を請求することができ、その場合元本欠損額が損害額として推定される。
　　　　　　　　　　　③

正解	
（ア）	○
（イ）	×
（ウ）	○

チャレンジ問題 解答・解説は178ページ

【問題1】 ファイナンシャル・プランナー（以下「FP」という）がファイナンシャル・プランニング業務を行ううえでは、「関連業法」を順守することが重要である。FPの行為に関する次の（ア）～（エ）の記述について、適切なものには○、不適切なものには×を解答欄に記入しなさい。

（ア）保険募集人の登録をしていないFPが、変額個人年金保険の一般的な商品説明を行った。

（イ）投資助言・代理業の登録をしていないFPが、顧客の求めに応じ、特定の会社における過去の株価の値動き等を統計化し、具体的な投資時期や金額についての助言を行った。

（ウ）税理士資格を有していないFPが、セミナーにおいて、仮定の事例に基づいて納税額の計算方法を説明した。

（エ）社会保険労務士資格を有していないFPが、顧客から公的年金制度の改正に関する質問を受け、回答した。

答え	ア		イ		ウ		エ	

【問題2】 保険募集人ではないFPが保険の提案・実行を行う場合、注意しなければならないことについて述べた次の文章の空欄（ア）～（ウ）にあてはまる適切な語句を、語群の中から選び、その番号を解答欄に記入しなさい。なお、同じ語句を何度選んでも良いこととする。

　保険募集人ではないFPは、（　ア　）により保険募集はできない。それは保険加入者保護や業務の適正を図るため、保険業者について（　イ　）や専業主義を採用しているからである。また保険募集人であるFPも、募集に際しての（　ウ　）を十分理解する必要がある。

〈語群〉
1. 金融サービス提供法　　2. 保険業法　　3. 消費者契約法
4. 説明行為　　　　　　　5. 禁止行為　　6. 販売行為　　　7. 免許制
8. 登録制　　　　　　　　9. 認可制

	答え	ア		イ		ウ	

【問題3】 「消費者契約法」に関する次の記述のうち、最も不適切なものはどれか。

1．金融商品販売業者等が、重要事項について事実と異なることを告げ、それにより顧客が商品を購入して損害を被った場合、顧客はその契約を取り消すことができる。

2．金融商品販売業者等の居座りなどにより、消費者が困惑した状態で契約した場合、顧客はその契約を取り消すことができる。

3．金融商品販売業者等から事実と異なることを告げられ締結した契約について、顧客に損害が生じた場合には、顧客は金融商品販売業者等に損害賠償の請求をすることができる。

4．契約の取消権は、契約締結時から5年を経過したときは、時効によって消滅する。

答え ☐

【問題4】 「金融サービスの提供に関する法律（以下「金融サービス提供法」という）」に関する次の（ア）〜（ウ）の記述について、適切なものには○、不適切なものには×を解答欄に記入しなさい。

（ア）金融サービス提供法により保護される商品としては、株式、定期預金、投資信託、国内外の商品先物取引のいずれも対象である。

（イ）金融商品販売業者が重要事項の説明を行わず、その結果顧客に損害が生じた場合には、顧客は契約の取消しを請求することができる。

（ウ）顧客より重要事項の説明は不要であるという申出があった場合には、金融商品販売業者は、原則として、重要事項の説明を省略できると定められている。

答え | ア | | イ | | ウ | |
|---|---|---|---|---|---|

2. ＦＰプロセスの６ステップ

●ファイナンシャル・プランニング・プロセスの６つのステップ●

ステップ	具体的には
①顧客との関係確立とその明確化	・プランニングは、顧客とプランナーの共同作業であり、最終的には顧客の自己決定に委ねられる ・適切な関係と信頼感を醸成するためのポイント （イ）プランニングの全体のプロセスの説明 （ロ）サービスの内容、報酬、期間等の説明 （ハ）顧客とプランナーそれぞれの責任の明確化
②顧客データの収集と目標の明確化	・顧客情報には──定量的情報 　　　　　　　　　（収入・支出・資産等の数値化できる情報） 　　　　　　　　└定性的情報（顧客の性格や価値観） ・情報収集の方法──面接（定性的情報を得るのに適している） 　　　　　　　　└質問紙や資料による情報収集 　　　　　　　　（詳細な定量的情報を得るのに適している）
③顧客のファイナンス状態の分析と評価	４つの現状分析──キャッシュフロー分析 　　　　　　　├個人バランスシート分析 　　　　　　　├保障分析 　　　　　　　└税金分析 　　　　　　　※「ライフイベント表作成」
④プランの検討・作成と提示	・包括的なファイナンシャル・プランとなる提案書を作成する
⑤プランの実行援助	・実行援助の仕方…実行の代理・代行・同行・補足 ・企業系ＦＰの場合…顧客の利益を優先して自社商品の提供
⑥プランの定期的な見直し	・見直し時期──ライフステージなどの環境変化があったとき 　　　　　├価値観や考え方の変化があったとき 　　　　　├経済情勢の変化があったとき 　　　　　└税制や法律の改正があったとき 　　　　　※定期的な見直しが望ましい

【問1】 ファイナンシャル・プランニング・プロセスの順序に従って、次の（ア）～（エ）を作業順に並べ替えたとき、その中で2番目となるものはどれか。その記号を解答欄に記入しなさい。

（ア）顧客の生活上の目標および希望を明確化する。
　　　　　　　　　　　　　　　　　　　　　　①
（イ）提案書を作成し、顧客が理解できるようにわかりやすく説明する。
　②
（ウ）ファイナンシャル・プランニングのプロセス全体にかかわるポイントや概念を説明する。
　　　③
（エ）収集した情報の現状分析を行い、問題点を把握し、その解決方法を検討する。
　　　④

【問2】 下記はFPが行う顧客情報の現状分析についてまとめたものである。表の空欄（ア）～（ウ）にあてはまる適切な語句を、語群にある1～6の中から選び、その数字を解答欄に記入しなさい。なお、同じ語句を何度選んでも良いこととする。

（ ア ）	顧客の現状収支から出発して、住宅取得・老後の生活プランなどの数値化されたライフプランを織り込んで行う分析。
（ イ ）	顧客の現状の資産内容と負債内容、また負債が過大でないかどうかも重要な点として行う分析。
（ ウ ）	顧客のパーソナル・リスクやファミリー・リスクをライフデザインとライフプランに基づいて行う分析。
税金分析	顧客の支払っている税金に対して節税の余地がないか、といった点から行う分析。

〈語群〉
1．個人バランスシート分析　2．ライフプランニング分析
3．保障分析　4．キャッシュフロー分析
5．ポートフォリオ分析　6．投資分析

正解	
（ア）	4
（イ）	1
（ウ）	3

チャレンジ問題　解答・解説は178ページ～

【問題５】　ファイナンシャル・プランニング・プロセスのステップ順序に従って、次の(ア)
　　　　　～(エ)を作業順に並べ替えたときの組み合わせとして、最も適切なものはどれか。

(ア)顧客の情報を基に、キャッシュフロー分析等の現状分析を行う。
(イ)プランを実現するために、金融商品の購入や不動産売却等について実行支援を行う。
(ウ)顧客の希望等を明確にするために、ヒアリング等の調査を行う。
(エ)顧客に対してのサービス内容や費用等について説明をし、顧客とファイナンシャル・プランナーの責任を明確化する。

1．(エ)　→　(ア)　→　(ウ)　→　(イ)
2．(エ)　→　(ウ)　→　(ア)　→　(イ)
3．(ア)　→　(ウ)　→　(エ)　→　(イ)
4．(ア)　→　(エ)　→　(ウ)　→　(イ)

答え

【問題６】　ファイナンシャル・プランニングを行うときの注意事項について述べた次の記
　　　　　述のうち、最も不適切なものはどれか。

1．顧客情報には定量的情報と定性的情報がある。定量的情報とは収入・支出等数値化できるデータのことであり、定性的情報とは顧客の性格や価値観などに関するデータのことである。

2．顧客が質問紙に記入する際に、自分では正確に記入しにくい生命保険の情報、所得税や社会保険料の金額などについては、保険証券や源泉徴収票などのコピーを添付してもらう必要がある。

3．基本的には、「キャッシュフロー分析」「個人バランスシートの分析」「保障分析」「税金分析」などの分析を行うことにより、収集した顧客の情報の現状分析・問題分析・評価を行う。

4．プランの実行に当たっては顧客の利益を最優先した商品の提供が重要であるが、企業系ＦＰで顧客が実行しようとする包括的なプランの中に自社商品がない場合、自社商品の中から最適であると思われる商品を顧客に勧めるようにする。

答え

【問題7】 以下の表はファイナンシャル・プランニング・プロセスの6つのステップについてまとめたものである。6つのステップの順序に従って、作業順に並び換えたときに、第3番目と第4番目に該当するステップをA～Fの中から選び、その記号を解答欄に記入しなさい。

記号名	ステップ名	内　容
A	プランの実行援助	・プランの実行援助には、実行の代理、代行、同行、補足などがある。 ・プラン実行にあたって重要なことは顧客の利益を優先した商品提供である。
B	顧客との関係確立とその明確化	・ファイナンシャル・プランニングのプロセス全体にかかわるポイントや概念を説明する。 ・サービスの内容、プランニングのプロセス、必要な関係資料について説明する。 ・顧客とプランナーそれぞれの責任について明確化する。
C	プランの定期的見直し	・環境の変化や職業の変化、価値観や考え方の変化、経済情勢の変化、税制や法律の改正などによって、プランの見直しが必要になる。 ・定期的に見直し、継続的なフォローアップが必要である。
D	プランの検討・作成と提示	・提案書を作成し、説明する。 ・顧客の納得がいくように、代替案も検討する。
E	顧客データの収集と目標の明確化	・顧客の生活上の目標を明確化し、そこから個人の経済面での目標を明確化する。 ・収集すべき顧客情報には、定量的情報（収入・支出、資産・負債など）と、定性的情報（生活目標、健康状態、リスク許容度など）とがある。 ・情報収集方法には、面談と質問紙によるものがある。
F	顧客のファイナンス状態の分析と評価	・4つの分析を使って、現状分析を行う。 キャッシュフロー分析 個人バランスシートの分析 保障分析 税金分析

答え　| 第3番目 | | 第4番目 | |

3. 複利計算を簡便に行う6つの係数

出題傾向	●協会の実技試験では毎回出題されているので、どういう場合に、どの係数を使うかをきちんと覚えておく。

●6つの係数●

諸係数	どういうときに使うか	10年、2%の場合の係数
終価係数	現在の金額を複利運用した場合の将来の金額を求める	1.2190
現価係数	将来の目標金額を得るために現在必要な金額を求める	0.8203
年金終価係数	毎年一定金額を積み立てた時将来いくらになるかを求める	10.9497
減債基金係数	将来の目標金額を達成するために、毎年いくらずつ積み立てればよいかを求める	0.0913
年金現価係数	将来一定期間にわたり一定額を受け取るための現在必要な金額を求める	8.9826
資本回収係数	手持ちの資金を複利運用しながら、毎年いくら取り崩せるかを求める	0.1113

●使い方●

1．終価係数
- 100万円を年利率2%で複利運用すると、10年後にはいくらになるか
  1,000,000円×1.2190＝1,219,000円
- 教育費の上昇率を2%とすると、現在150万円となっている大学入学時の学費等は、10年後いくらになるか
  1,500,000円×1.2190＝1,828,500円

2．現価係数
- 10年後に100万円としたい。年利率2%で複利運用すると、今いくら預ければよいか
  1,000,000円×0.8203＝820,300円

3．年金終価係数
- 毎年100万円を年利率2%で10年間積み立てた場合、10年後にはいくらになるか
  1,000,000円×10.9497＝10,949,700円

4．減債基金係数
- 10年間で1,000万円を貯めたい。年利率2%で複利運用すると、毎年いくら積み立てればよいか
  10,000,000円×0.0913＝913,000円

5．年金現価係数
- 毎年100万円ずつの年金を10年間受け取りたい。年利率2%で複利運用すると、今いくら預ければよいか
  1,000,000円×8.9826＝8,982,600円

6．資本回収係数
- 1,000万円を年利率2%で運用しながら、10年間年金として取り崩す場合、毎年の年金の額はいくらになるか
  10,000,000円×0.1113＝1,113,000円
- 1,000万円の住宅ローンを借りた場合（金利2%、返済期間10年）、年間ローン返済額はいくらになるか
  10,000,000円×0.1113＝1,113,000円

【問 題】 各種係数を用いて、下記の①～⑧に答えなさい。

〈参考〉係数早見表（年利2.0％）

年数	終価係数	現価係数	減債基金係数	資本回収係数	年金終価係数	年金現価係数
10年	1.219	0.820	0.091	0.111	10.950	8.983
20年	1.486	0.673	0.041	0.061	24.297	16.351

① Aさんは、老後の生活資金として1,800万円を用意した。年利2.0％で複利運用をしながら20年間で取り崩す場合、毎年いくらずつ受け取れるか。①

①資本回収係数を使う。

② Bさんは、10年後に住宅購入する夢があり、購入資金のうち1,400万円を現金で用意したい。毎年、年利2.0％で複利運用するとした場合、現在いくらあればよいか。②

②現価係数を使う。

③ Cさんは、住宅リフォーム資金としてこれから毎年末に1回ずつ積み立てて、10年後に700万円を用意したいと考えている。その間、年利2.0％で複利運用するとした場合、毎年いくらずつ積み立てればよいか。③

③減債基金係数を使う。

④ Dさんは、退職後20年間、毎年150万円ずつ取り崩していきたいと考えている。年利2.0％で複利運用するとした場合、1年目の初めにそのための資金としていくらあればよいか。④

④年金現価係数を使う。

⑤ ④のDさん（40歳）は、現在1,200万円の金融資産を保有している。今後20年間年利2.0％で複利運用できるとすると、20年後にはいくらになるか。⑤

⑤終価係数を使う。

⑥ ④の金額から⑤の金額を引いた金額が、Dさんが退職までの20年間で準備しなければならない金額である。年利2.0％で複利運用できるとして、Dさんは毎年いくら積立をすればよいか。⑥（円未満切り捨て）

⑥減債基金係数を使う。

⑦ Eさんは、教育資金の準備として、毎年36万円の積立てをすることにした。これを年利2.0％で複利運用した場合、10年後の合計額はいくらか。⑦

⑦年金終価係数を使う。

⑧ Fさんは、事業資金として800万円を借り入れた。10年間、年利2.0％で毎年年末に元利均等で返済をする場合、毎年の返済額はいくらになるか。⑧

⑧資本回収係数を使う。

正解

① 1,800万円 × 0.061 ＝ 1,098,000円

② 1,400万円 × 0.820 ＝ 11,480,000円

③ 700万円 × 0.091 ＝ 637,000円

④ 150万円 × 16.351 ＝ 24,526,500円

⑤ 1,200万円 × 1.486 ＝ 17,832,000円

⑥ 24,526,500円 － 17,832,000円 ＝ 6,694,500円
　　6,694,500円 × 0.041 ＝ 274,474円

⑦ 36万円 × 10.950 ＝ 3,942,000円

⑧ 800万円 × 0.111 ＝ 888,000円

①答え： 1,098,000円

②答え：11,480,000円

③答え： 637,000円

④答え：24,526,500円

⑤答え：17,832,000円

⑥答え： 274,474円

⑦答え： 3,942,000円

⑧答え： 888,000円

チャレンジ問題 解答・解説は179ページ〜

【設問】　下記の【問題8】〜【問題10】について解答しなさい。

〈設例〉
　下記の〈係数早見表〉を使用し、各問について計算しなさい。なお、税金は一切考慮しないこととする。また、計算結果については円未満を四捨五入し、解答に当たっては、解答用紙に記載されている単位に従うこととする。

〈係数早見表（年利1.0％）〉

	終価係数	現価係数	減債基金係数	資本回収係数	年金終価係数	年金現価係数
1年	1.010	0.990	1.000	1.010	1.000	0.990
2年	1.020	0.980	0.498	0.508	2.010	1.970
3年	1.030	0.971	0.330	0.340	3.030	2.941
4年	1.041	0.961	0.246	0.256	4.060	3.902
5年	1.051	0.951	0.196	0.206	5.101	4.853
6年	1.062	0.942	0.163	0.173	6.152	5.795
7年	1.072	0.933	0.139	0.149	7.214	6.728
8年	1.083	0.923	0.121	0.131	8.286	7.652
9年	1.094	0.914	0.107	0.117	9.369	8.566
10年	1.105	0.905	0.096	0.106	10.462	9.471
15年	1.161	0.861	0.062	0.072	16.097	13.865
20年	1.220	0.820	0.045	0.055	22.019	18.046
25年	1.282	0.780	0.035	0.045	28.243	22.023
30年	1.348	0.742	0.029	0.039	34.785	25.808

【問題8】　荒木さんは、４年後に住宅購入を予定しており、購入資金のうち1,400万円を現金で用意したい。毎年、年利1.0％で複利運用するとした場合、現在いくらあればよいか。

答え ☐☐☐☐☐☐ 円

【問題9】　福沢さんは、毎年48万円の積立てをすることにした。年利1.0％の複利運用とした場合、20年後の合計額はいくらになるか。

答え ☐☐☐☐☐☐ 円

【問題10】　木之内さんは、老後の準備資金として、これから毎年末に１回ずつ積み立てて25年後に1,700万円を用意したいと考えている。その間、年利1.0％で複利運用するとした場合、毎年いくらずつ積み立てればよいか。

答え ☐☐☐☐☐☐ 円

【設問】　下記の【問題11】〜【問題13】について解答しなさい。

<設例>
　下記の係数早見表を乗算で使用し、各問について計算しなさい。なお、税金は一切考慮しないこととし、解答に当たっては、解答用紙に記載されている単位に従うこと。

[係数早見表（年利1.0%）]

	終価係数	現価係数	減債基金係数	資本回収係数	年金終価係数	年金現価係数
1 年	1.010	0.990	1.000	1.010	1.000	0.990
2 年	1.020	0.980	0.498	0.508	2.010	1.970
3 年	1.030	0.971	0.330	0.340	3.030	2.941
4 年	1.041	0.961	0.246	0.256	4.060	3.902
5 年	1.051	0.951	0.196	0.206	5.101	4.853
6 年	1.062	0.942	0.163	0.173	6.152	5.795
7 年	1.072	0.933	0.139	0.149	7.214	6.728
8 年	1.083	0.923	0.121	0.131	8.286	7.652
9 年	1.094	0.914	0.107	0.117	9.369	8.566
10年	1.105	0.905	0.096	0.106	10.462	9.471
15年	1.161	0.861	0.062	0.072	16.097	13.865
20年	1.220	0.820	0.045	0.055	22.019	18.046
25年	1.282	0.780	0.035	0.045	28.243	22.023
30年	1.348	0.742	0.029	0.039	34.785	25.808

※記載されている数値は正しいものとする。

【問題11】　志田さんは、将来の開業資金として、10年後に2,000万円を準備したいと考えている。10年間、年利1.0%で複利運用する場合、現在いくらの資金があればよいか。

答え　☐　円

【問題12】　松尾さんは、老後の生活資金の準備として、毎年年末に100万円を積み立てる予定である。これを15年間、年利1.0%で複利運用する場合、15年後の合計額はいくらになるか。

答え　☐　円

【問題13】　増田さんは、住宅購入資金として、2,000万円を借り入れることを考えている。これを今後20年間、年利1.0%で毎年年末に元利均等返済をする場合、毎年の返済額はいくらになるか。

答え　☐　円

【設問】 下記の【問題14】～【問題16】について解答しなさい。

<設例>
　下記の係数早見表を乗算で使用し、各問について計算しなさい。なお、税金は一切考慮しないこととする。また、解答に当たっては、解答用紙に記載されている単位に従うこと。

[係数早見表（年利1.0％）]

	終価係数	現価係数	減債基金係数	資本回収係数	年金終価係数	年金現価係数
1 年	1.010	0.990	1.000	1.010	1.000	0.990
2 年	1.020	0.980	0.498	0.508	2.010	1.970
3 年	1.030	0.971	0.330	0.340	3.030	2.941
4 年	1.041	0.961	0.246	0.256	4.060	3.902
5 年	1.051	0.951	0.196	0.206	5.101	4.853
6 年	1.062	0.942	0.163	0.173	6.152	5.795
7 年	1.072	0.933	0.139	0.149	7.214	6.728
8 年	1.083	0.923	0.121	0.131	8.286	7.652
9 年	1.094	0.914	0.107	0.117	9.369	8.566
10年	1.105	0.905	0.096	0.106	10.462	9.471
15年	1.161	0.861	0.062	0.072	16.097	13.865
20年	1.220	0.820	0.045	0.055	22.019	18.046
25年	1.282	0.780	0.035	0.045	28.243	22.023
30年	1.348	0.742	0.029	0.039	34.785	25.808

[係数早見表（年利2.0％）]

	終価係数	現価係数	減債基金係数	資本回収係数	年金終価係数	年金現価係数
1 年	1.020	0.980	1.000	1.020	1.000	0.980
2 年	1.040	0.961	0.495	0.515	2.020	1.942
3 年	1.061	0.942	0.327	0.347	3.060	2.884
4 年	1.082	0.924	0.243	0.263	4.122	3.808
5 年	1.104	0.906	0.192	0.212	5.204	4.713
6 年	1.126	0.888	0.159	0.179	6.308	5.601
7 年	1.149	0.871	0.135	0.155	7.434	6.472
8 年	1.172	0.853	0.117	0.137	8.583	7.325
9 年	1.195	0.837	0.103	0.123	9.755	8.162
10年	1.219	0.820	0.091	0.111	10.950	8.983
15年	1.346	0.743	0.058	0.078	17.293	12.849
20年	1.486	0.673	0.041	0.061	24.297	16.351
25年	1.641	0.610	0.031	0.051	32.030	19.523
30年	1.811	0.552	0.025	0.045	40.568	22.396

※記載されている数値は正しいものとする。

【問題14】　井上さんは、住宅購入資金として、これから毎年年末に１回ずつ一定金額を積み立てて、10年後に1,000万円を準備したいと考えている。年利1.0%で複利運用するとした場合、毎年いくらずつ積み立てればよいか。

答え 　　　　　　　　円

【問題15】　成田さんは、老後の生活資金の一部として、毎年年末に100万円を受け取りたいと考えている。受取り期間を25年間とし、年利1.0%で複利運用するとした場合、受取り開始年の初めにいくらの資金があればよいか。

答え 　　　　　　　　円

【問題16】　香川さんは、今年の初めに2,000万円の資金を有しており、これを10年間、年利2.0%で複利運用しながら、毎年年末に１回、均等に受け取りたいと考えている。この場合、毎年受け取ることができる金額はいくらになるか。

答え 　　　　　　　　円

4. 公的年金

出題傾向	●公的年金について2問〜4問出題される可能性が高い。 ●老齢厚生年金の支給形態の概略のほか、老齢基礎年金の計算方法は押さえておきたい。

●公的年金制度の体系●

公的年金制度は1階部分に国民年金があり、2階部分には厚生年金がある。共済年金は2015年10月から厚生年金に統一された。

		厚生年金 〈2015年10月から共済年金は厚生年金に統一〉 （保険料は標準報酬月額・標準賞与額 に保険料率を乗じて計算（労使折半）。）
国民年金 （基礎年金・2024年度の保険料は月額16,980円）		
日本国内に住所を有する20歳以上60歳未満の自営業者などやその配偶者、学生など	第2号被保険者に扶養（年収130万円未満）される20歳以上60歳未満の配偶者	民間サラリーマン（厚生年金の適用事業所に常時使用される70歳未満の人）、公務員等
第1号被保険者	第3号被保険者	第2号被保険者

●各年金制度からの給付内容●

制度	65歳になったとき	障害状態になったとき	死亡したとき
国民年金	老齢基礎年金	障害基礎年金	遺族基礎年金
厚生年金	老齢厚生年金	障害厚生年金	遺族厚生年金

●老齢基礎年金の受給資格●

①保険料納付済期間＋②保険料免除期間＋③合算対象期間（カラ期間）≧**10年**（注）	
（注）受給資格期間は、従来は25年であったが、2017年8月以後、10年に短縮された。	
①保険料納付済期間	・第1号被保険者が保険料を納付した期間、第2号被保険者の20歳以上60歳未満の期間、第3号被保険者の期間
②保険料免除期間	・第1号被保険者が保険料を納めることが経済的に難しく、保険料の免除を受けた期間。法定免除と申請免除がある ・全額免除、4分の3免除、半額免除、4分の1免除がある ・一定の期間が年金額に反映される
③合算対象期間（カラ期間）	・受給資格期間には反映されるが、年金額には反映されない期間 ・サラリーマンの妻が1961年4月から1986年3月までの期間で任意加入しなかった期間、**学生納付特例制度**や**保険料納付猶予制度**（50歳未満で本人および配偶者の所得が一定額以下）を利用し追納しなかった期間などがある

●老齢基礎年金の年金額●

老齢基礎年金の年金額は、基本的には、次のように計算される。

満額の年金額（※）× $\dfrac{\text{保険料納付済月数}}{480\text{月}}$

（※）2024年度は、**1956年4月2日以降生まれの人は816,000円、1956年4月1日以前生まれの人は813,700円**

ただし、保険料免除期間がある場合、次の期間が分子に加算される。

・**2009年3月以前：全額免除月数×⅓＋¾免除月数×½＋半額免除月数×⅔＋¼免除月数×⅚**

・**2009年4月以降：全額免除月数×½＋¾免除月数×⅝＋半額免除月数×¾＋¼免除月数×⅞**

原則（65歳支給）：保険料納付期間40年（480月）で、**1956年4月2日以降生まれの人は816,000円、1956年4月1日以前生まれの人は813,700円**（2024年度）。保険料納付期間の不足に応じて減額される。	

第1号被保険者は、付加保険料（**月400円**）を納付すれば「**納付済月数×200円**」の付加年金が上乗せされる（付加年金を2年間受給すれば納付した付加保険料総額と同額になる）

繰上げ支給	60歳以降65歳未満で繰り上げて支給を受けることができる。1962年4月1日以前生まれの人の場合、年金額は繰り上げた月数に応じて1ヵ月当たり**0.5%減額**される。1962年4月2日以降生まれの人は、1ヵ月当たり**0.4%減額**される。
繰下げ支給	66歳以降（75歳以下。1952年4月1日以前生まれの人は70歳まで）で繰り下げて支給を受けることができる。年金額は繰り下げた月数に応じて1ヵ月当たり**0.7%増額**される

●老齢厚生年金の受給資格●

①老齢基礎年金の受給資格期間を満たしていること（10年以上）

②厚生年金の被保険者期間が**1ヵ月以上**あること

　65歳前に支給される「特別支給の老齢厚生年金」は、厚生年金の被保険者期間が**1年以上**あること

●特別支給の老齢厚生年金の支給開始年齢の引き上げ●

　老齢厚生年金は、本来65歳から支給されることになっているが、経過的措置として現在、65歳前から「特別支給の老齢厚生年金」が支給されている。

　「特別支給の老齢厚生年金」は、「定額部分」（65歳以後の老齢基礎年金に相当）と「報酬比例部分」（65歳以後の老齢厚生年金に相当）で構成されるが、それぞれ段階的に支給開始年齢が引き上げられている。1961年4月2日以後生まれの男性から、本来の65歳支給となる。

支給形態（60歳〜65歳〜）	〈生年月日・男性〉	従来の支給形態
報酬比例部分／老齢厚生年金　定額部分／老齢基礎年金	1941年4月1日以前	従来の支給形態 ※女性は5年遅れてスタート
報酬比例部分／老齢厚生年金　定額部分／老齢基礎年金	1941年4月2日〜1949年4月1日	定額部分の支給開始年齢が段階的に引き上げられる
報酬比例部分／老齢厚生年金　老齢基礎年金	1949年4月2日〜1953年4月1日	定額部分の支給がなくなる
報酬比例部分／老齢厚生年金　老齢基礎年金	1953年4月2日〜1961年4月1日	報酬比例部分の支給が段階的に引き上げられる（注）
老齢厚生年金　老齢基礎年金	**1961年4月2日以降生まれ**	60歳台前半の年金は原則として支給されない

（注）3年ごとに1歳ずつ段階的に引き上げられている。

●老齢厚生年金（報酬比例部分）の計算●

　老齢厚生年金の報酬比例部分の額は、2003年4月より総報酬制が導入されたことにより、次のようにして計算する。

報酬比例部分の額＝A＋B

A：平均標準報酬月額×9.5／1,000〜7.125／1,000（注1）×2003年3月までの被保険者期間の月数

B：平均標準報酬額（注2）×7.308／1,000〜5.481／1,000（注3）×2003年4月以後の被保険者期間の月数

（注1）乗率は生年月日により異なるが、1946年4月2日以後生まれは7.125／1,000

（注2）平均標準報酬額とは、2003年4月以後の再評価された標準報酬月額と標準賞与額の総額を2003年4月以後の被保険者期間の月数で割って算出したもの

（注3）乗率は生年月日により異なるが、1946年4月2日以後生まれは5.481／1,000

●老齢厚生年金の受給形態（1959年4月2日〜1961年4月1日生まれの男性の場合）●

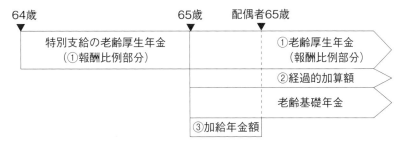

①報酬比例部分	・老齢基礎年金の受給期間を満たした人に、厚生年金の加入期間が1年以上あれば65歳前から支給される。部分年金とも呼ぶ。 ・在職中の報酬と加入期間に応じて年金額を計算。65歳になると「老齢厚生年金」に切り替わる。
②経過的加算額	・1949年4月1日生まれまでの男性には65歳になるまで定額部分と呼ばれる年金が支給されていた。その額と老齢基礎年金の差額を支給するのが経過的加算と呼ばれる部分。現在、定額部分の支給はなくなったが、経過的加算には20歳未満、60歳以後の厚生年金加入期間も反映されるので、そうした期間がある人には相応の金額が加算されることもある。
③加給年金額	・被保険者期間が原則として20年以上あり、生計を維持する**65歳未満の配偶者**や18歳到達年度の末日までの子がいれば支給される。

●在職老齢年金●

内　容	60歳以降も在職（厚生年金の被保険者）する場合、年金額が減額される
60歳台前半	60歳台前半の在職老齢年金の場合、本来もらえる年金と報酬（総報酬月額相当額）の合計額が**50万円**を超えると年金額が一部または全部支給停止される。高年齢雇用継続給付を受給する場合は、在職老齢年金がさらに支給調整（減額）される
60歳台後半	65歳〜69歳の厚生年金の被保険者についても、年金額が減額される。減額は、60歳台前半の減額と同様。老齢基礎年金は全額支給される
70歳台	60歳台と同じ仕組みで減額される。ただし、厚生年金保険料の負担はなし
その他	60歳以後、自営業を営む場合は、所得の多寡にかかわらず、年金は全額もらえる

●離婚時の厚生年金の分割●

合意分割	2007年4月1日以降に離婚した場合、婚姻期間中（2007年4月以前も対象）の夫婦の**厚生年金保険の保険料納付記録**を、**当事者間の合意**または**裁判所の決定**があった場合に、**分割（2分の1が上限）**することができる
3号分割	2008年5月1日以降に離婚した場合、夫婦のどちらか一方からの請求で、2008年4月1日以降の**第3号被保険者期間（＝婚姻期間）**における**厚生年金保険の保険料納付記録の2分の1を自動的に分割**することができる

●遺族給付●

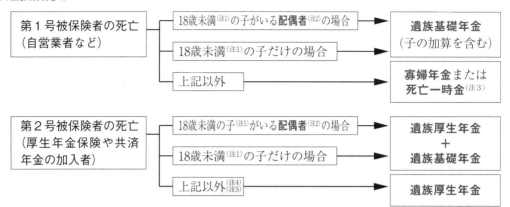

（注１）「18歳未満」とは、**18歳到達年度の末日**までを指す。障害者の場合は20歳未満。

（注２）従来、遺族基礎年金は子がいる妻が支給対象で、夫（父子家庭）は対象外だったが、2014年４月１日以後は、子のいる夫も支給対象となった。

（注３）**寡婦年金**は、第１号被保険者として保険料を納めた期間が10年以上ある夫が死亡した場合、10年以上婚姻関係にあった妻に60歳から65歳になるまで支給される。**死亡一時金**は、保険料を３年以上納めていた人（所定の免除期間を含む）が死亡したときに支給される。

両方が受けられる妻の場合、どちらか一方の選択になる。

（注４）妻・子のほか、55歳以上の夫・父母・祖父母、18歳到達年度の末日までの孫も遺族厚生年金を受給できる遺族となる（兄弟姉妹は対象外）。

（注５）子のない妻（30歳未満）の遺族厚生年金は、５年間の有期年金。

※第３号被保険者が死亡した場合でも、要件を満たせば、遺族基礎年金が支給される。

●遺族給付の支給例●（年金額については、新規裁定者の額）

　　◎厚生年金加入中の夫の死亡。遺族は無職の妻（38歳）、子１人（10歳）

（注１）**遺族基礎年金**は、老齢基礎年金の満額に相当する基本額（年額**816,000円**）と子の数による加算（１人につき年額234,800円。第３子以降は１人78,300円）で年金額が決まる（2024年度）。

（注２）**遺族厚生年金**は、老齢厚生年金の報酬比例部分の**４分の３**に相当する金額。

（注３）**中高齢寡婦加算額**（年額612,000円）は、子が18歳到達年度の末日を過ぎたときに妻が40歳以上であれば、65歳になるまで加算される。

【問 題】 健一さんの母親の和美さん（1961年4月5日生まれ）は、今年63歳になる。和美さんが63歳到達月に老齢基礎年金の支給繰上げの請求をした場合、和美さんが63歳時に受け取る繰上げ支給の老齢基礎年金の額として、正しいものはどれか。なお、計算に当たっては、下記＜資料＞に基づくこととする。年金額については新規裁定者の額とする。
①

＜資料＞

[和美さんの国民年金保険料納付済期間]
　1986年4月〜2021年3月：420月
　※このほかに保険料納付済期間はなく、保険料免除期間もないものとする。

[その他]
・老齢基礎年金の額（満額）　：816,000円
・和美さんの加入可能年数　　：40年
・繰上げ支給の減額率　　　　：0.5％×繰上げ請求月から65歳に達する月の前月までの月数
・振替加算は考慮しないものとする。
・年金額の端数処理
　年金額の計算過程および年金額は円未満を四捨五入するものとする。

1．478,792円
2．628,320円
3．680,597円
4．714,000円

チェックポイント

①65歳からもらえる年金額を計算し、繰上げ支給分を減額する。

＊65歳時の年金額：満額の年金額×保険料納付済月数／480月

＊繰上げ支給を受けた場合、繰上げた月数に応じて、1962年4月1日以前生まれの人は1ヵ月当たり0.5％減額。
63歳到達時に繰上げ支給した場合：0.5％×（12月×2年）＝12％減額。
　なお、1962年4月2日以降生まれの人は、1ヵ月当たり0.4％の減額となる。

正解 〈答え〉　2
・65歳支給の場合の老齢基礎年金の額
　$816,000円 × \dfrac{420月}{480月（40年×12月）} = 714,000円$（円未満四捨五入）
・63歳到達月に繰り上げ支給をした場合の年金額
　$714,000円 × （1 - 0.5％×24月） = 628,320円$

4. 公的年金

チャレンジ問題　解答・解説は180ページ～

【設問】次の設例に基づいて、下記の【問題17】に答えなさい。

〈設例〉
〈Aさんおよび妻Bさんに関する資料〉
（1）Aさん
　　生年月日：1961年10月3日

　　〔公的年金の加入歴（60歳までX社に勤務した場合の見込みを含む）〕

（2）妻Bさん（専業主婦）
　　生年月日：1962年5月27日
　　20歳からAさんと結婚をするまでは、国民年金の第1号被保険者として保険料を納付、結婚後は、第3号被保険者として国民年金に加入。

※妻Bさんは、現在および将来においてもAさんと同居し、生計維持関係にある。
※Aさんおよび妻Bさんは、現在および将来においても公的年金制度における障害等級に該当する障害の状態にないものとする。

※上記以外の条件は考慮せず、各問に従うこと。

【問題17】　ファイナンシャル・プランナーは、Ａさんに係る公的年金制度からの老齢給付の概略を下図により説明した。次の記述の空欄①～③に入る最も適切な語句または数値を、下記の〈語句群〉のイ～リのなかから選びなさい。なお、問題の性質上、明らかにできない部分は□□□で示してある。

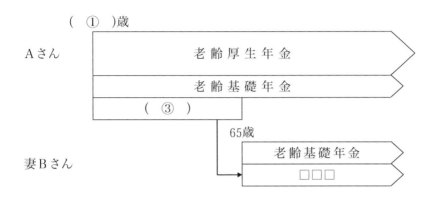

　Ａさんは、原則として、（　①　）歳から老齢基礎年金および老齢厚生年金を受給することができる。

　また、Ａさんの厚生年金保険の被保険者期間の月数は（　②　）月以上あり、かつ、所定の要件を満たす配偶者（妻Ｂさん）がいることから、Ａさんが65歳から受給することができる老齢厚生年金には、配偶者が65歳に達するまでの間、（　③　）が加算される。

┌─〈語句群〉─────────────────────────────
イ．63　　　　　　ロ．64　　　　ハ．65　　　　　ニ．120
ホ．180　　　　　ヘ．240　　　ト．経過的加算額　　チ．加給年金額
リ．中高齢加算額
└───────────────────────────────────

答え　　①　　　　　　　②　　　　　　　③

4. 公的年金

【問題18】 真紀さんの母親の杉山慶子さんは、先月、年金事務所で国民年金の保険料納付状況を確認し、次頁の〈資料〉「被保険者記録照会（資格・納付Ⅲ）」を受け取った。〈資料〉および下記の計算式に基づいてFPの大久保さんが計算した、杉山慶子さんに65歳から支給される老齢基礎年金の額として、正しいものはどれか。なお、杉山慶子さんの国民年金保険料の免除期間（全額免除および半額免除）は2009年3月以前のものである。

〈資料〉

・老齢基礎年金の計算式（新規裁定者の場合。2024年度価額）

$$816{,}000円 \times \frac{保険料納付済月数 + （保険料免除月数 \times 免除の種類に応じた割合※）}{480月}$$

※免除の種類に応じた割合

全額免除	３／４免除	半額免除	１／４免除
１／３	１／２	２／３	５／６

・振替加算は考慮しないものとする。

・端数処理
年金額は円未満を四捨五入するものとする。

1．564,400円
2．573,247円
3．612,000円
4．638,388円

答え ☐

＜資料＞

```
基礎年番                被保険者記録照会（資格・納付Ⅲ）              001/003
  ２６  照会区分  ０２
  基礎年金番号  △△△△－△△△△△△
                                        スギヤマ  ケイコ
  生年月日  昭－△△．△．△      性別  女  氏名  杉山  慶子
                        資 格 記 録
  取得  昭44．4．8－1    昭61．4．1－Ａ    ．．  －    ．．  －
  喪失  昭51．4．1－5    平13．10．20－5   ．．  －    ．．  －
  取得  昭51．4．1－2    平13．10．20－1   ．．  －    ．．  －
  喪失  昭61．4．1－5    平21．4．8－5     ．．  －    ．．  －
                        納 付 記 録 Ⅲ
```

年度	納	全	3/4	半	1/4	学	猶	付	年度	納	全	3/4	半	1/4	学	猶	付	年度	納	全	3/4	半	1/4	学	猶	付
昭44-	00	00			00	00	00	00	昭49-	00	00			00	00	00	00	昭54-	12	00			00	00	00	00
昭45-	00	00			00	00	00	00	昭50-	00	00			00	00	00	00	昭55-	12	00			00	00	00	00
昭46-	00	00			00	00	00	00	昭51-	12	00			00	00	00	00	昭56-	12	00			00	00	00	00
昭47-	00	00			00	00	00	00	昭52-	12	00			00	00	00	00	昭57-	12	00			00	00	00	00
昭48-	00	00			00	00	00	00	昭53-	12	00			00	00	00	00	昭58-	12	00			00	00	00	00

```
  納付332  全免  36  3／4免  0  半免  24  1／4免  0  学生  0  猶予  0  付加  0
                        差 額 記 録
  年度未免  年度未免  年度未免  年度未免  年度未免  年度未免  年度未免  年度未免  年度未免
    －         －         －         －         －         －         －         －         －
            ３ 号 特 例 納 付 期 間 記 録 （自）－（至）（届出年月日）
      ．－．（．．）                    ．－．（．．）


  ○○年金事務所
```

※問題の性質上、一部を下線で強調している。

4. 公的年金

【問題19】 和子さんは、老齢年金（公的年金）の受給手続きなどについて詳しく知りたいと思っている。下記＜資料＞に基づく次の（ア）～（ウ）の記述について、適切なものには○、不適切なものには×を解答欄に記入しなさい。

＜資料＞

[老齢年金の支給イメージ図（女性：１９６０年４月２日～１９６２年４月１日生まれ）]

```
   62歳              65歳
    ▼                 ▼
┌──────────────────────┬──────────────────────┐
│① 報酬比例部分相当の老齢厚生年金 │  ② 老齢厚生年金      │
│                      ├──────────────────────┤
│                      │  ② 老齢基礎年金      │
└──────────────────────┴──────────────────────┘
```

[和子さんの公的年金加入暦等]
　１９８２年５月～１９９２年４月：国民年金の保険料納付済期間（１２０月）
　１９９２年５月～２００３年３月：国民年金の第３号被保険者期間（１３１月）
　２００３年４月～２０１９年４月：厚生年金保険の被保険者期間（１９３月）

※和子さんと博之さんは１９９２年５月に結婚した。また、博之さんは大学卒業後の２２歳から現在まで継続して厚生年金保険に加入している。
※上記以外に公的年金加入期間はないものとする。

（ア）和子さんの①の年金は、62歳の誕生日の前日に受給権が発生し、62歳の誕生日の３ヵ月前から請求できる。

（イ）和子さんが68歳時に①および②の年金を請求した場合、さかのぼって受給できる年金は請求前の３年間分とされる。

（ウ）年金は、原則として年６回、２ヵ月分ずつ支払われる。

答え　| ア | | イ | | ウ | |

【問題20】 敏郎さんは老齢厚生年金に加算される配偶者加給年金額について、ＦＰの谷口
さんに質問した。配偶者加給年金額の加算要件などに関する谷口さんの次の説明
の空欄（ア）～（ウ）に入る適切な語句を語群の中から選び、その番号のみを解
答欄に記入しなさい。

「老齢厚生年金の配偶者加給年金額は、年金額の計算の基礎となる被保険者期間が原
則として（ ア ）ある場合、受給権取得当時などに受給権者によって生計を維持し
ていた（ イ ）未満の配偶者があるときに加算されます。ただし、加給対象の配偶
者が一定の年金を受けられる間は支給停止されます。
なお、生計を維持していた配偶者とは、受給権者と同一生計であって、かつ、年間収
入が将来にわたって850万円未満であると認められる人です。また、受給権者が1934
年４月２日以後生まれであるときは、配偶者加給年金額に（ ウ ）の生年月日に応
じた特別加算があります。」

〈語群〉
1．15年以上　　　2．20年以上　　　3．25年以上　　　4．55歳　　　5．60歳
6．65歳　　　　　7．配偶者　　　　8．受給権者

答え	ア		イ		ウ	

4. 公的年金

【設問】 次の設例に基づいて、下記の【問題21】に答えなさい。

〈設例〉

　Ａさん（女性）は、大学卒業以来勤めてきたＸ社を来年定年退職するが、退職後の年金について心配していたところ、日本年金機構から「ねんきん定期便」が送られてきた。

　しかし、Ａさんは年金についてほとんど知識がないため、ファイナンシャル・プランナーのＤさんに相談することにした。

〈Ａさんに関する資料〉

・Ａさん（満59歳）1965年1月10日生まれ
　　　　　　　　厚生年金保険・健康保険に加入中
　　　　　　　　60歳で定年退職する予定であるが、Ｘ社には65歳までの継続雇用制度がある。

【問題21】　**Ａさんのx社には、60歳定年後の再雇用制度が導入されており、給与は大幅に減少するものの、定年後もＸ社に残ることができる。Ａさんは、60歳以後もＸ社に残った場合、60歳台前半の老齢厚生年金が受給できるのかどうか、ＦＰのＤさんに尋ねた。Ｄさんが以下の〈資料〉に基づいて計算した在職老齢年金の支給額（月額）として、正しいものはどれか。なお、Ａさんの60歳以降の標準報酬月額は260,000円で、年金月額（基本月額）は90,000円とする。また、賞与については考慮しないものとする。**

〈資料：在職老齢年金の支給停止額〉

・総報酬月額相当額＋基本月額が50万円以下の場合

　総報酬月額相当額および基本月額にかかわらず、支給停止されない。

・総報酬月額相当額＋基本月額が50万円を超える場合

　支給停止額＝（総報酬月額相当額＋基本月額－50万円）×1／2

1.　　　0円
2.　35,000円
3.　55,000円
4.　90,000円

答え

【問題22】　陽子さんは、夫の哲也さん（会社員）が万一死亡した場合の公的年金の遺族給付について、FPの三上さんに質問をした。仮に哲也さんが、2024年9月に45歳で在職中に死亡した場合に、陽子さんが受け取ることができる遺族給付を示した下図の空欄（ア）〜（エ）に入る適切な語句を語群の中から選び、その番号のみを解答欄に記入しなさい。なお、哲也さんは、20歳から大学卒業までの間は国民年金第1号被保険者として保険料を納付し、大学卒業後の22歳から死亡時まで継続して厚生年金保険に加入しているものとする。また、家族に障害者に該当する者はなく、記載以外の遺族給付の受給要件はすべて満たしているものとする。

〈イメージ図〉

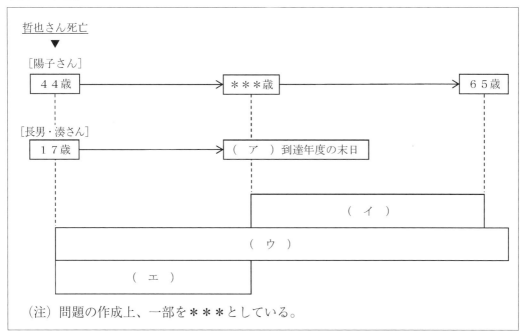

（注）問題の作成上、一部を＊＊＊としている。

┌─〈語群〉────────────────────────────────
│　1．18歳　　2．20歳　　3．遺族基礎年金（子の加算なし）
│　4．遺族基礎年金（子の加算1人分）
│　5．遺族厚生年金（哲也さんの報酬比例部分の年金額の3分の2相当額）
│　6．遺族厚生年金（哲也さんの報酬比例部分の年金額の4分の3相当額）
│　7．経過的寡婦加算　　8．寡婦年金　　9．中高齢寡婦加算
└────────────────────────────────────

答え	ア		イ		ウ		エ	

4. 公的年金

【問題23】 幸枝さんは、仮に優介さんが在職中の38歳で死亡した場合の公的年金の遺族給付についてFPの井上さんに相談をした。幸枝さんが65歳になるまでに受給できる遺族年金に関する次の記述のうち、最も適切なものはどれか。なお、優介さんは大学卒業後の22歳から死亡時まで厚生年金保険に加入しているものとし、家族に障害者に該当する者はいないものとする。また、遺族給付の額の計算においては下記＜資料2＞の金額を使用することとし、記載以外の遺族給付の受給要件はすべて満たしているものとする。

＜資料1＞家族構成

氏名	続柄	生年月日	年数	備考
大津 優介	本人	1986年5月11日	38歳	会社員
幸枝	妻	1987年8月2日	37歳	パート
優也	長男	2015年4月10日	9歳	小学校3年生
美幸	長女	2018年5月1日	6歳	保育園児

＜資料2＞年金額（新規裁定者の額。2024年度価額）

- ・遺族厚生年金の額　　　　　：490,000円
- ・中高齢寡婦加算額　　　　　：612,000円
- ・遺族基礎年金の額　　　　　：816,000円
- ・遺族基礎年金の子の加算額
  - 第1子・第2子（1人当たり）：234,800円
  - 第3子以降（1人当たり）　：　78,300円

1. 優介さんの死亡時点において、幸枝さんが受給できる遺族年金の額は「2,387,600円」である。

2. 優也さんが18歳に達した日以後の最初の3月31日を終了すると、幸枝さんが受給できる遺族年金の額は「1,775,600円」に改定される。

3. 美幸さんが18歳に達した日以後の最初の3月31日を終了すると、幸枝さんが受給できる遺族年金の額は「1,102,000円」に改定される。

4. 幸枝さんが55歳に達すると、幸枝さんが受給できる遺族年金の額は「490,000円」に改定される。

答え ［　　　　　　　　　　］

【問題24】 和代さんは、65歳からの老齢年金と遺族厚生年金がどのように受給できるか、FPの倉田さんに質問した。和代さんに65歳以後支給される老齢年金と遺族厚生年金の合計額として、正しいものはどれか。なお、下記＜資料＞に基づいて解答することとし、遺族厚生年金の加算額については考慮しないものとする。

　［和代さんの年金額］

・65歳前の遺族厚生年金の額　　：90万円

・65歳からの老齢厚生年金の額：50万円

・65歳からの老齢基礎年金の額：70万円

　［65歳以後の遺族厚生年金の額］

①または②のどちらか高い方となる。

　①65歳前の遺族厚生年金と同額

　②65歳前の遺族厚生年金と同額×2／3＋65歳からの老齢厚生年金の額×1／2

　［65歳以後の老齢年金と遺族厚生年金との支給調整］

・老齢厚生年金および老齢基礎年金は全額支給される。

・遺族厚生年金は、老齢厚生年金相当額が支給停止され、老齢厚生年金を上回る額が支給される。

支給額	
支給停止額	老齢厚生年金
６５歳以後の遺族厚生年金	老齢基礎年金

1．2,100,000円

2．1,600,000円

3．1,550,000円

4．　950,000円

答え

5. 公的年金以外の社会保険

出題傾向	●公的年金以外の社会保険からも３問〜４問出題される。特に健康保険からの出題率が高い。

●社会保険●（サラリーマン等の被用者の場合）

社会保険— （広義）	┌ **社会保険**—健康保険、介護保険、厚生年金保険 （狭義） └ **労働保険**—労災保険、雇用保険

●労災保険●

目　　的	**業務上・通勤途上**の病気・負傷に対する補償
適用対象者	**労働者すべて（パート・アルバイト・外国人労働者等も含む）** ※会社経営者や事業主は、原則加入不可。ただし、中小企業主や一人親方などは、業務の実態や災害の発生状況から見て労働者と変わらないことから、特別加入制度が設けられている
給　　付	療養（補償）給付、休業（補償）給付、障害（補償）給付、遺族（補償）給付など
保　険　料	**事業主が全額負担**。ただし、業種ごとに危険性が異なることから、保険料率はそれぞれ異なる

※業務外・通勤途上以外の病気・負傷等は健康保険。
※日用品の購入、トイレの利用、通院など日常生活に必要な、ささいな行為であれば、その逸脱または中断の間を除き、元の通勤経路に戻れば、通勤労災と認定される。

●雇用保険●

目　　的	失業給付や雇用継続給付などで、労働者の生活と雇用の安定をはかるためのもの	
被保険者	適用事業所に雇用される労働者（社長や役員は対象外）。ただし、労災保険と異なり、パートや派遣労働者などが被保険者になるには一定の要件が必要。 〈雇用保険の加入条件〉 ①31日以上の雇用見込みがあること ②１週間の所定労働時間が20時間以上であること ※複数の事業所で勤務する65歳以上の労働者は、本人の申出により２つの事業所の労働時間を合計して②を満たせば、被保険者になることができる。	
給付の種類 ※所得税は非課税	基本手当 （失業給付）	〈受給期間〉 離職日の翌日から原則１年以内 〈基本手当の主な受給要件（原則）〉 ①就職する意思と能力がありながら、失業状態にあること ②離職の日以前**２年**の間に、被保険者期間が**12ヵ月以上**あること ※倒産や解雇などによって離職した人（特定受給資格者）などは、離職の日以前１年の間に被保険者期間が６ヵ月以上と受給要件が緩くなっている

		給付制限	所定給付日数
自己都合退職		待期期間(注) ７日間＋ 給付制限期間２ヵ月(注)	最長**150日**
定年退職		待期期間７日間	最長**150日**
倒産・解雇等		待期期間７日間	最長**330日**

給付の種類 ※所得税は 非課税	雇用継続給付	高年齢 雇用継続 給付	雇用保険の被保険者であった期間が５年以上ある**60歳以上65歳未満**の被保険者の賃金が、60歳時点に比べて、**75％未満に低下**した場合に支給される 支給額：61％以下に低下した場合は、各月の賃金の**15％**相当額、61％超75％未満に低下した場合は、その低下率に応じて、賃金の15％未満の額。2025年４月から段階的に縮小される
		育児休業 給付	満**1歳**（パパママ育休プラスの場合は１歳２ヵ月。保育所に入所できない等一定の場合は２歳）未満の子を養育するために休業したときに支給される 支給額：原則として休業開始時賃金日額×支給日数×**67％**（育児休業の開始から６ヵ月経過後は**50％**）相当額。育休分割取得、産後パパ育休の場合も支給（一定の要件あり）
		介護休業 給付	雇用保険の被保険者が対象家族を介護するため休業し給与が支給されない場合などに支給される 支給額：原則として休業開始時賃金日額×支給日数（対象家族１人につき通算93日まで）×**67％**
	教育訓練給付		・雇用保険の**被保険者期間が３年以上（初回に限り１年以上）**の被保険者が、厚生労働大臣の指定する教育訓練を受講・修了した場合、受講料の20％（**上限10万円**）が支給される ・被保険者期間が３年以上（初回２年以上）で専門実践教育訓練の場合は50％（上限１年間40万円）支給など ・被保険者期間が３年以上（初回１年以上）で特定一般教育訓練の場合は40％（上限20万円）支給など
保　険　料			**一部を労働者が負担し、残りを事業主が負担**。ただし、事業の種類によって失業の可能性が異なるため、保険料率も変わってくる

（注）**待期期間**とは「基本手当が支給されない期間」のこと。失業給付を行う必要があるのか確認したり、基本手当の乱発を防ぐために設けられている。自己都合退職の場合、待期期間７日間に加えて３ヵ月間の給付制限期間がある。ただし、**2020年10月１日以降に自己都合退職した場合、５年間のうち２回までは給付制限期間が２ヵ月となる。**

●公的医療保険制度●

医療保険制度─┬─**健康保険**─サラリーマン─┬─**全国健康保険協会管掌健康保険**─中小企業（**協会けんぽ**）
　　　　　　　│　　　　　　　　　　　　└─**組合管掌健康保険**─大企業
　　　　　　　└─**国民健康保険**─自営業者等

●健康保険（全国健康保険協会管掌健康保険、組合管掌健康保険）●

目　的	**業務外・通勤途上以外**の病気・負傷などに対する給付
被保険者	労働者や役員本人（被保険者）およびその家族（被扶養者） 〈被扶養者になるための収入基準（同居の場合）〉 ①年収**130万円未満**（60歳以上・一定の障害者は180万円未満） ②被保険者の年収の**2分の1未満** ※原則、日本国内に住所（住民票）を有していること

保険給付		
療養の給付 （被保険者） 家族療養費 （被扶養者）	下表参照	

療養の給付（被保険者）／家族療養費（被扶養者）

	所得区分	自己負担
小学校入学前		**2割**
小学生〜70歳未満（原則）	すべて	**3割**
70歳〜75歳未満	現役並み	**3割**
	上記以外	**2割**(注)

(注)2014年3月末日までに70歳になっている人は、1割負担

出産育児一時金 （被保険者）	**産科医療補償制度**に加入している医療機関で、本人や家族が出産したとき、1児につき**50万円**。2022年1月1日から2023年3月31日までの出産は42万円
家族出産育児一時金（被扶養者）	産科医療補償制度に参加していない医療機関の場合、48.8万円。2022年1月1日から2023年3月31日までの出産は40.8万円
出産手当金	出産のため休業し、給与が支給されない場合などに支給。支給額はおおよそ**標準報酬日額の3分の2**。支給期間は出産日以前42日（6週間）、多胎妊娠の場合は98日（14週間）から出産日以後56日（8週間）
傷病手当金	病気やケガのため**3日以上連続**で仕事を休み、給与が支給されない場合などに**4日目から支給**。支給額は休業1日につきおおよそ**標準報酬日額の3分の2**で期間は**通算1年6ヵ月**

高額療養費

1ヵ月に支払った額が一定額を超えたときに、その超えた額を支給する。健康保険が適用される治療に限られ、入院時の食事代や差額ベッド代は含まれない

＜自己負担限度額（月額）＞

	所得区分 （標準報酬月額）		自己負担限度額 （2018年8月以降）	
70歳未満	①83万円以上		252,600円＋（総医療費−842,000円）×1％	
	②53万円〜79万円		167,400円＋（総医療費−558,000円）×1％	
	③28万円〜50万円		**80,100円＋（総医療費−267,000円）×1％**	
	④26万円以下		57,600円	
	⑤低所得者		**35,400円**	
			外来(個人ごと)	ひと月の上限額（世帯ごと）
70歳以上	現役並み所得者		上記①〜③と同じ	
	一般		18,000円（年間上限14.4万円）	57,600円
	低所得者	区分Ⅱ	8,000円	24,600円
		区分Ⅰ	8,000円	15,000円

保険料率	全国健康保険協会管掌健康保険（協会けんぽ）は労使折半

＊70歳未満（標準報酬月額28万円～50万円）・自己負担30万円（医療費総額100万円）のケース

〈自己負担限度額と高額医療費の計算例〉

自己負担限度額 ＝ 80,100円 ＋ （1,000,000円 － 267,000円）× 1 ％ ＝ 87,430円

　　　　　　　　　　　　　　　医療費総額・10割

高額療養費 ＝ 300,000円（一部負担金）－ 87,430円（自己負担限度額）
　　　　　　 ＝ 212,570円（高額療養費支給額）

医療費100万円のうちの**一部負担金**（30万円）	
自己負担限度額　87,430円	高額療養費支給額　212,570円

●退職後の医療保険●

任意継続被保険者制度	・**2ヵ月**以上健康保険に加入していた人は、被保険者でなくなった日から**20日**以内に届出すると、退職後**2年間**は引続き同じ健康保険に加入できる。保険料は**全額自己負担**
家族の被扶養者	・日本国内に住所を有し、同居を原則として、年収130万円未満（60歳以上は180万円未満）などの場合、被扶養者になれる（事実婚を含む）。保険料の負担はなし
国民健康保険	・再就職しないときや自営業者となるときは国民健康保険に加入する。保険料は前年の所得で計算される。限度額89万円（介護分含み106万円）
高齢受給者制度	・70歳以上の高齢者…一般**2割**負担（2014年3月末までに70歳になっている人は、1割負担）、現役並み所得者は**3割**負担 ・高額療養費…現役並み所得者は70歳未満の一般と同じ。一般世帯は外来（個人ごと）18,000円、ひと月の上限額（世帯ごと）57,600円（2018年8月以降）
後期高齢者医療制度	・**75歳以上**の高齢者（一定の障害認定で65歳以上）…一般**1割**負担、一定以上所得者**2割**負担、現役並み所得者は**3割**負担。介護保険の給付と重なる場合は介護保険が優先

●公的介護保険●

公的介護保険制度は、寝たきりや認知症などで介護が必要な人や、日常生活を送る上で支援が必要な人が給付を受けられる制度。

	第1号被保険者	第2号被保険者
加入者	**65歳以上の人**	**40歳以上65歳未満**の医療保険加入者
給付対象者	寝たきり・認知症などで介護が必要な人。日常生活に支援が必要な人。原因は問わない	加齢に起因する疾病（注）によって、介護が必要となった人。交通事故などの場合は対象とならない
自己負担	支給限度額の範囲内であれば**1割**負担（限度額を超えた分は全額自己負担） （注）第1号被保険者の場合、原則1割負担だが、一定以上所得者は2割負担。さらに所得の高い現役並み所得者は3割負担。	
保険料	年金額が年額**18万円以上**の場合は、年金から**天引き**される（**特別徴収**）。年金額が年額18万円以下など、特別徴収の対象とならない場合は、納付書による普通徴収となる	加入している医療保険の保険料に上乗せして徴収される。会社員は労使折半

（注）加齢に起因する疾病とは、具体的には、末期がん、筋萎縮性側索硬化症、後縦靭帯骨化症、骨折を伴う骨粗しょう症、脳血管疾患など16疾病のみ。

【問1】 保子さんは、パートタイマーとして勤める現在の勤務先を退職し、より良い労働条件の会社を探そうと考えている。保子さんは、自ら退職届を会社に提出し、2024年3月末日に56歳で離職した場合に支給される雇用保険の基本手当①について、FPの有馬さんに相談をした。雇用保険の基本手当に関する有馬さんの次の説明の空欄（ア）～（ウ）にあてはまる語句の組み合わせとして、正しいものはどれか。

「保子さんが離職した場合、基本手当の所定給付日数は（　ア　）①となります。基本手当を受けられる期間は、原則として、離職日の翌日から1年間ですが、保子さんに支給が開始されるのは、求職の申込みをした日以後、通算して7日の待期期間に加え、最長（　イ　）の給付制限期間②を経てからになります。

また、基本手当を受け取るには、原則として4週間に1度、失業の認定を受けなければなりません。なお、所定給付日数の3分の1以上を残して正社員として採用されるなど一定の要件に該当する場合③には、（　ウ　）の受給の申請をすることができます。」

※保子さんは2015年4月1日に現在の勤務先に雇用され、週に25時間以上勤務するパートタイマーとして、入社当初から離職に至るまで継続して雇用保険に加入しているものとする。①

※保子さんには、上記のほかに雇用保険の加入期間はなく、障害者等の就職困難者には該当しないものとし、個別延長給付や公共職業訓練の受講については考慮しないものとする。

<資料：基本手当の所定給付日数>

・一般の受給資格者（定年および正当な理由がない自己都合退職等による離職者）

離職時の年齢	被保険者として雇用された期間			
	1年未満	1年以上10年未満	10年以上20年未満	20年以上
全年齢	―	90日	120日	150日

・特定受給資格者（倒産・解雇等による離職者）

離職時の年齢	被保険者として雇用された期間				
	1年未満	1年以上5年未満	5年以上10年未満	10年以上20年未満	20年以上
30歳未満	90日	90日	120日	180日	―
30歳以上35歳未満		120日	180日	210日	240日
35歳以上45歳未満		150日	180日	240日	270日
45歳以上60歳未満		180日	240日	270日	330日
60歳以上65歳未満		150日	180日	210日	240日

①雇用保険の被保険者期間は2015年4月1日～2024年3月末日の9年で、自己都合退職による一般の受給資格者であるので、基本手当の所定給付日数は90日。

②一般の受給資格者は7日の待期期間に加え、最長3ヵ月の給付制限期間がある。ただし、2020年10月1日以降に自己都合退職した場合、5年間のうち2回までは給付制限期間が2ヵ月となる。特定受給資格者（倒産・解雇等による離職者）の場合は、7日の待期期間のみで、給付制限期間はない。

③所定給付日数の3分の1以上を残して再就職した場合、再就職手当が受給できる。

1．（ア）　90日　　　（イ）　4週間　　　（ウ）高年齢再就職給付金

2．（ア）　90日　　　（イ）　2ヵ月　　　（ウ）再就職手当

3．（ア）240日　　　（イ）　4週間　　　（ウ）再就職手当

4．（ア）240日　　　（イ）　2ヵ月　　　（ウ）高年齢再就職給付金

【問2】　清治さんの兄の卓也さん（48歳）は、これまで25年間勤務してきた会社を退職し、自営業者として飲食店を開業することを考えている。退職後の公的医療保険については健康保険の任意継続被保険者になることを検討しており、FPの阿久津さんに相談をした。全国健康保険協会管掌健康保険（協会けんぽ）における任意継続被保険者に関する阿久津さんの次の説明の空欄（ア）～（ウ）に入る適切な語句を語群の中から選び、その番号のみを解答欄に記入しなさい。

「退職して健康保険の被保険者資格を失った場合、健康保険の被保険者であった期間が継続して2ヵ月以上ある人は、被保険者でなくなった日から（　ア　）以内に任意継続被保険者となるため①の手続きをしたときには、引き続き（　イ　）にわたって健康保険の被保険者になることができます。②なお、健康保険の任意継続被保険者の保険料は、その（　ウ　）を自己負担する③こととなります。」

①任意継続被保険者の手続きは、20日以内。

②任意継続被保険者となることができる期間は、2年間。

③任意継続被保険者の保険料は、全額自己負担。

― 〈語群〉 ―
1．2週間　　　2．20日　　　3．1ヵ月　　　4．2年間
5．3年間　　　6．4年間　　　7．3割　　　8．5割
9．全額

【問1】　〈答え〉　2

【問2】　〈答え〉（ア）2　　（イ）4　　（ウ）9

チャレンジ問題　解答・解説は183ページ〜

【問題25】　剛さんは、病気療養のため2024年4月に5日間入院した。剛さんの2024年4月の1ヵ月間における保険診療分の医療費（窓口での自己負担分）が21万円であった場合、下記＜資料＞に基づく高額療養費として支給される額として、正しいものはどれか。なお、剛さんは全国健康保険協会管掌健康保険（協会けんぽ）の被保険者であって標準報酬月額は34万円であるものとする。また、「健康保険限度額適用認定証」の提示はしておらず、世帯合算および多数回該当は考慮しないものとする。

＜資料＞

［2024年4月分の高額療養費の算定］

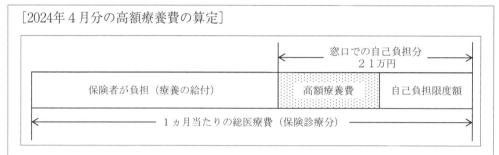

［医療費の1ヵ月当たりの自己負担限度額(70歳未満の人)］

標準報酬月額	自己負担限度額（月額）
①83万円以上	252,600円＋（総医療費－842,000円）×1%
②53万円〜79万円	167,400円＋（総医療費－558,000円）×1%
③28万円〜50万円	80,100円＋（総医療費－267,000円）×1%
④26万円以下	57,600円
⑤市区町村民税非課税者等	35,400円

1．　21,180円

2．　84,430円

3．　94,430円

4．125,570円

答え

【問題26】　FPの妹尾さんは、2016年10月から実施された「短時間労働者に対する社会保険の適用拡大」について花代さんから質問を受け、下表を用いてその要件やメリットなどを説明した。2024年10月以降の短時間労働者に対する厚生年金保険および健康保険（以下「社会保険」という）の適用に関する下表の空欄（ア）〜（ウ）に入る適切な語句を語群の中から選び、その番号のみを解答欄に記入しなさい。

短時間労働者のうち社会保険の適用を受ける者（2024年10月以降）	
要件	＜被保険者数51人以上の企業（特定適用事業所）の場合＞ ①１週間の所定労働時間および１月間の所定労働日数が同一事業所に使用される通常の労働者の（　ア　）以上であるもの ②上記①の要件に該当しない者のうち、以下のすべての要件を満たしているもの 　・１週間の所定労働時間が20時間以上であること 　・雇用期間が２ヵ月を超える見込みがあること 　・賃金月額が88,000円以上であること 　・学生でないこと
メリット	・休業した場合、一定の要件を満たせば健康保険から（　イ　）などを受けることが可能。 ・健康保険および厚生年金保険の保険料は、原則として事業主がその（　ウ　）を負担する。
デメリット	保険料の負担により手取り賃金が減少することがある。

〈語群〉
1．２分の１　　　　　2．３分の１　　　　　3．３分の２
4．４分の１　　　　　5．４分の３　　　　　6．５分の４
7．休業（補償）給付　8．傷病（補償）年金　9．傷病手当金

答え　｜ア｜　　　　　　｜イ｜　　　　　｜ウ｜　　　　｜

【問題27】 博之さんは、会社を退職して健康保険の被保険者資格を失い、すぐには再就職しない場合の公的医療保険について、FPの細井さんに質問をした。退職後の公的医療保険制度の選択肢に関する下表の空欄（ア）～（エ）に入る適切な語句を語群の中から選び、その番号のみを解答欄に記入しなさい。なお、博之さんと妻の晴美さんはそれぞれ全国健康保険協会管掌健康保険（協会けんぽ）の被保険者である。また、2人には会社員の子どもがいるが、晴美さんは子どもよりも年収が多く、博之さんは障害者ではない。

＜退職後の公的医療保険制度の選択肢（博之さんのケース）＞

選択肢	加入条件	保険料	加入手続き
退職前の健康保険に任意継続被保険者として加入	資格喪失日の前日まで継続して2ヵ月以上被保険者であったこと（加入期間は最長2年間）	資格喪失時の標準報酬月額に応じて計算され、その（　ア　）が本人負担となる（上限あり）	本人が資格喪失日から20日以内に協会けんぽに対して加入手続きを行う
国民健康保険に加入	他の公的医療保険制度に加入していないこと	前年の所得などに応じ、居住する市区町村ごとに異なる基準により世帯単位で計算され、世帯主が負担する（倒産・解雇等による離職者には軽減措置あり）	本人が健康保険の資格喪失後14日以内に（　イ　）に届け出る
晴美さんが加入する健康保険に被扶養者として加入	60歳未満で同居の場合：年収（　ウ　）未満、かつ、原則として被保険者の年収の（　エ　）未満であること	不要	被保険者の勤務先を経由して、5日以内に届け出る

〈語群〉
1．3割　　　　　2．半額　　　　　3．全額　　　　　4．市区町村

5．協会けんぽ　6．年金事務所　7．103万円　　　8．130万円

9．201万円　　10．2分の1　　11．3分の1　　12．5分の1

答え ｜ ア ｜　　　｜ イ ｜　　　｜ ウ ｜　　　｜ エ ｜

【問題28】　梨花さんは、第2子の出産に備えて、育児・介護休業法（育児休業、介護休業等育児又は家族介護を行う労働者の福祉に関する法律）に基づく育児休業等期間中の社会保険料の免除について、FPの福岡さんに質問をした。育児休業等期間中の社会保険料の免除に関する次の説明の空欄（ア）～（ウ）にあてはまる語句の組み合わせとして適切なものはどれか。なお、梨花さんは、現在の会社に就職してから継続して全国健康保険協会管掌健康保険（協会けんぽ）および厚生年金保険の被保険者である。

＜資料＞

「育児・介護休業法による満3歳未満の子を養育するための育児休業等期間に係る健康保険・厚生年金保険の保険料は、（　ア　）が育児休業等取得者申出書を日本年金機構（事務センターまたは年金事務所）へ提出することにより、（　イ　）が免除されます。

　保険料の免除期間は、育児休業等を開始した日の属する月から、育児休業等が終了する日の翌日が属する月の前月までとなります。なお、この免除期間は、将来、被保険者の年金額を計算する際は、（　ウ　）として扱われます。」

1．（ア）被保険者
　　（イ）被保険者・事業主の両方の負担分
　　（ウ）保険料の未納期間

2．（ア）被保険者
　　（イ）被保険者の負担分
　　（ウ）保険料を納めた期間

3．（ア）事業主
　　（イ）被保険者の負担分
　　（ウ）保険料の未納期間

4．（ア）事業主
　　（イ）被保険者・事業主の両方の負担分
　　（ウ）保険料を納めた期間

答え　□

【問題29】 優介さんは、病気やケガで働けなくなったとき、健康保険からどのような給付が受けられるのかFPの井上さんに相談をした。井上さんが傷病手当金の概要について説明した下図の空欄（ア）〜（エ）にあてはまる語句の組み合わせとして、最も適切なものはどれか。なお、優介さんは全国健康保険協会管掌健康保険（協会けんぽ）の被保険者である。

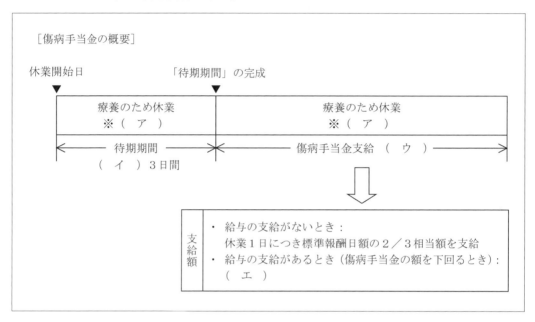

1．（ア）自宅療養を除く　（イ）通算して　（ウ）最長1年6ヵ月　（エ）差額を支給
2．（ア）自宅療養を含む　（イ）連続して　（ウ）通算1年6ヵ月　（エ）差額を支給
3．（ア）自宅療養を含む　（イ）通算して　（ウ）最長1年6ヵ月　（エ）支給されない
4．（ア）自宅療養を除く　（イ）連続して　（ウ）通算1年6ヵ月　（エ）支給されない

答え

【問題30】 和子さんは、今年４月中に病気療養のため休業した日がある。ＦＰの明石さんが下記＜資料＞に基づいて計算した、和子さんに支給される傷病手当金の額として、正しいものはどれか。なお、和子さんは全国健康保険協会管掌健康保険（協会けんぽ）の被保険者であり、記載以外の受給要件はすべて満たしている。

＜資料＞

［和子さんの４月中の勤務状況］休：休業した日

19日	20日	21日	22日	23日	24日	25日	26日	27日
出勤	休	休	休	休	休	出勤	休	休

▲
休業開始日

［和子さんのデータ］

・標準報酬月額：360,000円

・上記の休業した日について、給与の支給はない。

・上記以外の日については、通常どおり出勤している。

［傷病手当金の１日当たりの支給額］

　標準報酬日額（標準報酬月額÷30）×２／３

1. 8,000円
2. 16,000円
3. 32,000円
4. 56,000円

答え

【問題31】 英雄さん（52歳）は、会社（MR社）が募集している希望退職に応募して退職した場合に受給できる雇用保険の基本手当について、ＦＰの山岸さんに質問した。英雄さんの基本手当の受給スケジュール等に関する下図の空欄（ア）～（エ）にあてはまる語句の組み合わせとして、最も適切なものはどれか。なお、英雄さんは大学卒業後の22歳からＭＲ社に勤務し、継続して雇用保険に加入しており、雇用保険の基本手当の受給要件はすべて満たしているものとする。また、英雄さんは基本手当の受給に当たっては特定受給資格者に該当し、個別延長給付については考慮しないこととする。

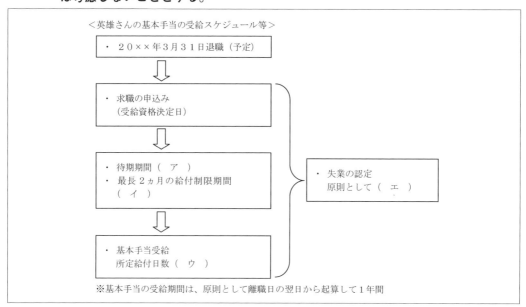

<資料：基本手当の所定給付日数>

[特定受給資格者（倒産・解雇等による離職者）]

離職時の年齢	被保険者として雇用された期間				
	1年未満	1年以上 5年未満	5年以上 10年未満	10年以上 20年未満	20年以上
30歳未満	90日	90日	120日	180日	－
30歳以上35歳未満			180日	210日	240日
35歳以上45歳未満				240日	270日
45歳以上60歳未満		180日	240日	270日	330日
60歳以上65歳未満		150日	180日	210日	240日

1．（ア）なし　　（イ）なし　　（ウ）330日　　（エ）3週間に1回
2．（ア）なし　　（イ）あり　　（ウ）270日　　（エ）4週間に1回
3．（ア）7日間　　（イ）なし　　（ウ）330日　　（エ）4週間に1回
4．（ア）7日間　　（イ）あり　　（ウ）270日　　（エ）3週間に1回

答え

【問題32】 博之さんは、再雇用制度を利用して60歳の定年後も引き続き今の会社で働くことも考えており、雇用保険の高年齢雇用継続基本給付金について、ＦＰの明石さんに質問した。高年齢雇用継続基本給付金の概要に関する下表の空欄(ア)～(ウ)にあてはまる語句の組み合わせとして、最も適切なものはどれか。

支給要件	・一般被保険者または高年齢継続被保険者であること。 ・算定基礎期間に相当する期間が（　ア　）あること。 ・原則として、支給対象月に支払われた賃金額が60歳到達時の賃金額と比較して（　イ　）であり、かつ支給限度額未満であること。
支給額（月額）	原則として、賃金低下率に応じて、①または②の計算式により算定される。 ①支給対象月に支払われた賃金額×（　ウ　） ②支給対象月に支払われた賃金額×厚生労働省令で定める率
支給期間	60歳に達した月から65歳に達する月まで

1．（ア）5 年以上　（イ）75％未満　（ウ）15％
2．（ア）5 年以上　（イ）70％未満　（ウ）10％
3．（ア）10年以上　（イ）70％未満　（ウ）15％
4．（ア）10年以上　（イ）75％未満　（ウ）10％

答え

【問題33】 真弓さんは、労働者災害補償保険（労災保険）において、通勤災害として認められるのはどのようなケースなのか、ＦＰの藤原さんに質問した。藤原さんが下図を使用して説明した通勤災害に関する次の（ア）～（エ）の記述について、適切なものには〇、不適切なものには×を解答欄に記入しなさい。

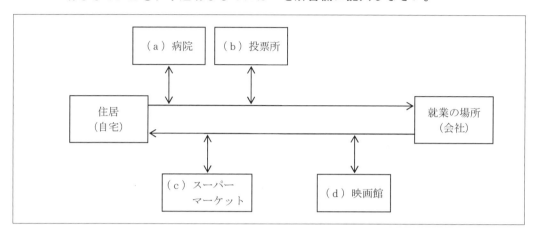

（ア）自宅から会社へ向かう途中、風邪の治療のため（ a ）病院に立ち寄った後、通常の経路に戻ったところで転倒して負傷したときは、通勤災害と認められる。

（イ）自宅から会社へ向かう途中、選挙権の行使のため（ b ）投票所に立ち寄った後、通常の経路に戻ったところで転倒して負傷したときは、通勤災害と認められる。

（ウ）会社から自宅に帰る途中、夕食の買物のため（ c ）スーパーマーケットに立ち寄った後、通常の経路に戻ったところで転倒して負傷したときは、通勤災害と認められる。

（エ）会社から自宅に帰る途中、友人と（ d ）映画館に立ち寄った後、通常の経路に戻ったところで転倒して負傷したときは、通勤災害と認められる。

答え	ア		イ		ウ		エ	

【問題34】 和代さんは、公的年金などに係る税金についてＦＰの倉田さんに質問した。倉田さんが公的年金や雇用保険の失業等給付の課税関係について説明する際に使用した下記＜資料＞の空欄（ア）～（エ）に入る適切な語句を語群の中から選び、その番号のみを解答欄に記入しなさい。なお、同じ語句を何度選んでもよいこととする。

＜資料＞

収入		所得税	課税対象となる所得の種類
公的年金	老齢年金	課税対象	公的年金等に係る（ ア ）
	障害年金	（ イ ）	＊＊＊
	遺族年金	（ ウ ）	＊＊＊
雇用保険の失業等給付	基本手当	非課税	＊＊＊
	高年齢雇用継続給付	（ エ ）	＊＊＊

※問題作成の都合上、一部を＊＊＊としている。

―〈語群〉――――――――――――――――――――――――――――――
 1．雑所得 2．一時所得 3．退職所得 4．課税対象 5．非課税

答え	ア		イ		ウ		エ	

6. 住宅取得プラン関係

出題傾向	●住宅ローンの返済額の計算、繰上げ返済の計算、借り換えた場合の利息軽減額などに関する問題が出題されている。

●住宅ローン返済額の計算●

〈元利均等返済の場合〉

・100万円当たりの毎月返済額早見表

利率＼期間	20年	25年	30年	35年
1.0%	4,598円	3,768円	3,216円	2,822円
1.5%	4,825円	3,999円	3,451円	3,061円
2.0%	5,058円	4,238円	3,696円	3,312円
2.5%	5,299円	4,486円	3,951円	3,574円
3.0%	5,545円	4,742円	4,216円	3,848円

〈計算例〉借入金額2,000万円、利率3.0%、返済期間30年

$$4,216円 \times \frac{2,000万円}{100万円} = 84,320円（毎月返済額）$$

●一部繰上げ返済の計算●

〈計算例〉

※融資金額：30,000,000円　利率：1.8%　返済期間：35年

※第46回の返済完了後に約100万円（100万円以下で、かつ100万円に最も近い金額）の一部繰上げ返済を行う

※繰上げ返済は期間短縮型とする

（単位：円）

返済回数	毎月返済額	毎月返済額		残高
		元本	利息	
45	96,327	54,827	41,500	27,612,377
46	96,327	54,909	41,418	27,557,468
62	96,327	56,242	40,085	（A）26,667,641
63	96,327	56,326	40,001	（B）26,611,315
64	96,327	56,411	39,916	（C）26,554,904

※第46回返済後、100万円以下でかつ100万円に最も近い金額の一部繰上げをした場合、残高は第63回の残高となる。（第64回の残高では100万円超となる）

・繰上げ返済金額：27,557,468円 − 26,611,315円 ＝ 946,153円

　（A）だと889,827円　（C）だと1,002,564円

・短縮期間：63回 − 46回 ＝ 17回 → 17ヵ月

・利息節減額：96,327円 × 17ヵ月 − 946,153円 ＝ 691,406円

　　　　　　　（期間短縮による総額）（元本繰上げ返済）

【問　題】 下記の表は、伸明さんが借りている住宅ローン（返済期間20年）の返済予定表を年単位に修正したものである。伸明さんが、17年目までの返済を終えた時点で、住宅ローンを全額繰上げ返済する場合、必要となる金額として、正しいものはどれか。なお、手数料等はかからないものとする。

〈住宅ローンの返済予定表〉　　　　　　　　　　（単位：円）

年数	返済額	返済額の内訳	
		利子充当部分	元金充当部分
1 年目	1,271,772	491,096	780,676
2 年目	1,271,772	471,354	800,418
3 年目	1,271,772	451,113	820,659
4 年目	1,271,772	430,359	841,413
5 年目	1,271,772	409,080	862,692
6 年目	1,271,772	387,263	884,509
7 年目	1,271,772	364,897	906,875
8 年目	1,271,772	341,962	929,810
9 年目	1,271,772	318,450	953,322
10年目	1,271,772	294,342	977,430
11年目	1,365,864	432,703	933,161
12年目	1,365,864	394,686	971,178
13年目	1,365,864	355,117	1,010,747
14年目	1,365,864	313,938	1,051,926
15年目	1,365,864	271,081	1,094,783
16年目	1,365,864	226,477	1,139,387
17年目	1,365,864	180,058	1,185,806
18年目	1,365,864	131,747	1,234,117①
19年目	1,365,864	81,467	1,284,397②
20年目	1,365,832	29,138	1,336,694③

1．3,000,000円

2．3,242,352円

3．3,855,208円

4．4,097,560円

・17年目まで返済は終了しているので、18年目から20年目までが繰上げ返済の期間に該当する。

・必要となる金額は「元金充当部分」のみであるから①＋②＋③を合計する。

∴1,234,117円＋
　1,284,397円＋
　1,336,694円
　＝3,855,208円

正解	3

チャレンジ問題　解答・解説は186ページ

【問題35】　福岡貴司さんは、現在居住しているマンションの住宅ローン（全期間固定金利、返済期間30年、元利均等返済、ボーナス返済なし）の繰上げ返済を検討しており、FPの明石さんに繰上げ返済について質問をした。貴司さんが住宅ローンを244回返済後に、200万円以内で期間短縮型の繰上げ返済をする場合、この繰上げ返済により短縮される返済期間として、正しいものはどれか。なお、計算に当たっては、下記＜資料＞を使用し、繰上げ返済額は200万円を超えない範囲での最大額とすること。また、繰上げ返済に伴う手数料等は考慮しないものとする。

＜資料＞福岡家の住宅ローンの償還予定表の一部

返済回数（回）	毎月返済額（円）	うち元金（円）	うち利息（円）	残高（円）
243	116,766	85,279	31,487	11,722,485
244	116,766	85,506	31,260	11,636,979
245	116,766	85,734	31,032	11,551,244
246	116,766	85,963	30,803	11,465,282
247	116,766	86,192	30,574	11,379,090
248	116,766	86,422	30,344	11,292,668
249	116,766	86,652	30,114	11,206,016
250	116,766	86,883	29,883	11,119,132
251	116,766	87,115	29,651	11,032,017
252	116,766	87,347	29,419	10,944,670
253	116,766	87,580	29,186	10,857,090
254	116,766	87,814	28,952	10,769,276
255	116,766	88,048	28,718	10,681,228
256	116,766	88,283	28,483	10,592,945
257	116,766	88,518	28,248	10,504,427
258	116,766	88,754	28,012	10,415,673
259	116,766	88,991	27,775	10,326,682
260	116,766	89,228	27,538	10,237,454
261	116,766	89,466	27,300	10,147,987
262	116,766	89,705	27,061	10,058,283
263	116,766	89,944	26,822	9,968,339
264	116,766	90,184	26,582	9,878,155

265	116,766	90,424	26,342	9,787,731
266	116,766	90,665	26,101	9,697,065
267	116,766	90,907	25,859	9,606,158
268	116,766	91,150	25,616	9,515,008
269	116,766	91,393	25,373	9,423,616

1．1年4ヵ月

2．1年5ヵ月

3．1年10ヵ月

4．2年

答え ☐

7. 総合的なライフプランニング

出題傾向	●協会試験での出題可能性が高いので、上昇率などを考慮したキャッシュフロー表を作れるようにしておく。 ●個人バランスシートの基本的な仕組みを理解しておく。

●キャッシュフロー表●

・現在の収支や将来の収支状況・金融資産残高を予想し、表形式に表したもの
・必須項目は「収入（可処分所得）」「支出」「年間収支」「金融資産残高」

経過年数		0	1	2	3
項目／年	変動率	2024	2025	2026	2027
夫		44歳	45歳	46歳	47歳
妻		40歳	41歳	42歳	43歳
長女		13歳	14歳	15歳	16歳
長男		11歳	12歳	13歳	14歳
夫の手取り収入	1.0%	396	400	404	408
妻の収入	0.0%	72	72	72	72
一時的な収入					
収入合計		468	472	476	480
基本生活費	1.0%	178	180	182	183
住居費	0.0%	116	116	116	116
教育費	1.5%	30	30	31	42
保険料	0.0%	24	24	24	24
その他支出	1.0%	60	61	61	62
一時的な支出	1.0%	0	0	102	0
支出合計		408	411	516	427
年間収支		60	61	−40	53
金融資産残高	1.0%	300	364	328	384

（単位：万円）

・可処分所得＝年収－（所得税＋住民税＋社会保険料）

・将来の金額＝現在の金額×（1＋変動率）^{経過年数}

●電卓を使いこなす！（CASIO製の場合）●

〈例1〉賃金550万円、上昇率2％

$1 \cdot 02 \times \times 550 = 561 = 572.22 = 583.66\cdots$

1年後　2年後　3年後

〈例2〉現在値74万円の教育費、上昇率2％、3年後の将来値
→74万円×（1＋0.02）^{3}

$1 \cdot 02 \times \times = = \times 74 = 78.52\cdots$

2回（累乗の右肩の指数より1少ない回数）

・**当該年の金融資産残高＝前年末の金融資産残高×（1＋変動率）＋当該年の年間収支**
（金融資産残高の変動率＝予想運用利率）

●個人バランスシート●

・個人の資産と負債の現在の状況を表したもの
・記載する数値は時価が望ましい

【資産】		【負債】	
現預金	550万円	住宅ローン	3,200万円
株式	100万円	自動車ローン	80万円
株式投信	110万円		
生命保険(解約返戻金)	200万円	負債合計	3,280万円
マンション	2,500万円	【純資産残高】	330万円
自動車など	150万円		
資産合計	3,610万円	負債・純資産合計	3,610万円

・資産合計－負債合計
＝純資産残高

・同じ金額となる

【問　題】　下記の設例に基づいて、キャッシュフロー表、個人バランスシートに関する問いに答えなさい。計算にあたっては、万円未満を四捨五入し、万円単位とする。

> Aさんは、マンション購入を考えています。資金計画に問題がないかFPに相談することにしました。
> 〈購入予定の物件価格と資金計画〉
> ・物件価格：3,000万円
> ・資金計画：頭金600万円、住宅ローン2,400万円、諸経費150万円
> ・ローン返済額等：年間約160万円

【問１】　次のキャッシュフロー表は、Aさんの家族データと資金計画を基に予想したものである。空欄（A）（B）に当てはまる金額を、下記の前提条件を基に計算しなさい。

〈キャッシュフロー表〉（当初５年間分を抜粋）　　　　　　　（単位：万円）

経過年数		0	1	2	3	4
項目／年	変動率	2024	2025	2026	2027	2028
夫		40歳	41歳	42歳	43歳	44歳
妻		38歳	39歳	40歳	41歳	42歳
長男		12歳	13歳	14歳	15歳	16歳
長女		8歳	9歳	10歳	11歳	12歳
手取り収入	1.0%	600	606	612	618	624
その他収入						
収入合計		600	606	612	618	624
基本生活費	1.0%	240	242	245	247	250
住居費	0.0%	160	160	160	160	160
教育費	1.5%	60	102	82	84	（B）②
保険料	0.0%	36	36	36	36	36
その他支出	1.0%	40	40	41	41	42
一時的な支出	1.0%	600	51	0	0	0
支出合計		1,136	631	564	568	
年間収支		△536	△25	48	50	
金融資産残高	1.0%	150		（A）①		
ローン残高（年末）		2,350	2,298	2,245	2,190	2,134

・前提条件：教育費の現在価値（変動率1.5%をかける前の金額）は、次の通り。

項目／年	2024年	2025年	2026年	2027年	2028年
教育費	60	100	80	80	130②

【問２】　次の個人バランスシートは、Aさんの2025年12月末現在におけるものである。空欄（イ）～（ニ）に当てはまる金額を答えなさい。なお、住宅の時価は購入後２割ダウンすると仮定する。計算にあたっては、万円未満を四捨五入し、万円単位とする。

〈A家の個人バランスシート（2025年12月末現在）〉

【資産】		【負債】	
預貯金	（推計）③	住宅ローン	（ロ）万円⑤
住宅	（イ）万円④	負債合計	（ロ）万円
		【純資産残高】	（ハ）万円⑦
資産合計	（ニ）万円⑥	負債・純資産合計	（ニ）万円

①１年後の金融資産残高
＝前年の金融資産残高×
（1＋変動率）＋１年後の
年間収支
150万円×（1.01）＋（△
25万円）≒127万円
よって２年後の金融資産
残高については、127万
円×（1.01）＋（48万円）
≒176万円

②将来の金額＝基礎数値
（現在価値）×(1＋変動率)^{年数}
130万円×(1.015)^4≒138
万円

正解

（A）	176
（B）	138

③１年後の金融資産残高
は、問１の①より127万
円

④取得価額3,000万円×
（1－0.2）＝住宅の時価
2,400万円

⑤ローン残高はキャッシ
ュフロー表の最下段にあ
る→2,298万円

⑥資産合計＝127万円＋
2,400万円＝2,527万円

⑦資産合計2,527万円－
負債合計2,298万円＝純
資産229万円

正解

（イ）	2,400
（ロ）	2,298
（ハ）	229
（ニ）	2,527

チャレンジ問題　解答・解説は186ページ〜

【設問】　下記の【問題36】〜【問題38】について解答しなさい。

〈宇野家のプロフィール〉

> 宇野英男さん（本人）1965年12月20日生まれ、会社員
> 宇野佳子さん（妻）1969年10月5日生まれ、専業主婦・就業の経験なし
> ・長女はすでに独立している。
> ・60歳の定年時に退職金1,800万円を受け取る予定（2025年12月末）。
> ・1997年に住宅ローン3,200万円を借り入れて東京郊外に一戸建て住宅を取得し、現在も居住している。

〈宇野家のキャッシュフロー表〉　　　　　　　　　　　　　　　　　（単位：万円）

経過年数			現在	1年後	2年後	3年後	4年後	5年後
西暦（年）			2024	2025	2026	2027	2028	2029
令和（年）			6	7	8	9	10	11
家族構成／年齢	宇野英男	本人	59歳	60歳	61歳	62歳	63歳	64歳
	佳子	妻	55歳	56歳	57歳	58歳	59歳	60歳
ライフイベント		変動率		定年退職	海外旅行			
収入	給与収入（夫）	0％	720	720	150	150	150	150
	給与収入（妻）	―	0	0	0	0	0	0
	公的年金収入（夫）	―	0	0	0	0	0	0
	公的年金収入（妻）	―	0	0	0	0	0	0
	一時的収入	―	0	1,800	0	0	0	0
	収入合計	―	720	2,520	150	150	150	150
支出	基本生活費	1％	220	222	（ ア ）			
	住宅ローン返済額	―	140	140	140	140	140	140
	その他住居費	―	8	8	8	8	8	8
	保険料		24	24	24	24	24	24
	一時的支出	1％	0	0	71	0	0	0
	その他支出	1％	20	20	20	21	21	21
	支出合計	―	412	414				
年間収支		―		308	2,106		▲272	▲274
金融資産残高		1％	570	2,682			1,875	（ イ ）

※年齢は各年12月31日現在のものとし、2024年を基準年とする。

※記載されている数値は正しいものとする。

※問題作成の都合上、一部空欄にしてある。

【問題36】　宇野家のキャッシュフロー表の空欄（ア）に入る数値を計算しなさい。なお、計算に当たっては、キャッシュフロー表中に記載の整数を使用し、計算結果については万円未満を四捨五入すること。また、解答に当たっては、解答用紙に記載されている単位に従うこととする。

答え　☐☐☐☐☐　万円

【問題37】　宇野家のキャッシュフロー表の空欄（イ）に入る数値を計算しなさい。なお、計算に当たっては、キャッシュフロー表中に記載の整数を使用し、計算結果については万円未満を四捨五入すること。また、解答に当たっては、解答用紙に記載されている単位に従うこととする。

答え　☐☐☐☐☐　万円

【問題38】　宇野さんは2025年12月に、退職金のうち1,005万円を使って住宅ローンの残債を一括で返済したいと考え、一括返済を行った場合のキャッシュフロー表（次ページ）を作成した。キャッシュフロー表の空欄（ウ）に入る数値を計算しなさい。なお、計算に当たっては、キャッシュフロー表中に記載の整数を使用し、計算過程および計算結果については万円未満を四捨五入すること。また、解答に当たっては、解答用紙に記載されている単位に従うこととする。

答え　☐☐☐☐☐　万円

〈住宅ローン一括返済後のキャッシュフロー表〉　　　　　　　　（単位：万円）

経過年数			現在	1年後	2年後	3年後	4年後	5年後
西暦（年）			2024	2025	2026	2027	2028	2029
令和（年）			6	7	8	9	10	11
家族構成／年齢	宇野英男	本人	59歳	60歳	61歳	62歳	63歳	64歳
	佳子	妻	55歳	56歳	57歳	58歳	59歳	60歳
ライフイベント		変動率			定年退職	海外旅行		
収入	給与収入（夫）	0％	720	720	150			150
	給与収入（妻）	―	0	0	0			0
	公的年金収入（夫）	―	0	0	0			0
	公的年金収入（妻）	―	0	0	0			0
	一時的収入	―	0	1,800	0			0
	収入合計	―	720	2,520	150			150
支出	基本生活費	1％	220	222	（　ア　）			231
	住宅ローン返済額	―	140	1,145	0			0
	その他住居費	―	8	8	8			8
	保険料	―	24	24	24			24
	一時的支出	1％	0		71			0
	その他支出	1％	20	20	20			21
	支出合計	―	412					284
年間収支		―	308					▲134
金融資産残高		1％	570		（　ウ　）			

※年齢は各年12月31日現在のものとし、2024年を基準年とする。

※記載されている数値は正しいものとする。

※問題作成の都合上、一部空欄にしてある。

【設問】 下記の【問題39】〜【問題43】について解答しなさい。

〈設例〉

　小野寺秀雄さんは、物品販売業（小野寺商店）を営む自営業者（青色申告者）である。今般、自分自身の老後のことや事業のことなどに関して、ＦＰで税理士でもある富田さんに相談をした。なお、下記のデータはいずれも2024年4月1日現在のものである。

Ⅰ．小野寺家の家族構成（同居親族）

氏名	続柄	生年月日	年齢	職業
小野寺　秀雄	本人	1964年8月28日	59歳	個人事業主
恵美	妻	1967年5月21日	56歳	青色事業専従者
則之	長男	1996年7月11日	27歳	会社員
和之	二男	2001年4月16日	22歳	大学生

注1：恵美さんは、秀雄さんの営む事業の青色事業専従者である。

Ⅱ．小野寺家の財務データ

〈保有財産・負債（時価）〉　　　　　　　　　　　　（単位：万円）

	秀雄さん	恵美さん
金融資産　預貯金等	5,600	1,110
事業用資産（不動産以外）　売掛金・受取手形	550	―
棚卸資産（商品在庫等）	260	―
その他の事業用資産	420	―
生命保険（解約返戻金相当額）	（各自計算）	（各自計算）
不動産　土地（自宅敷地）	2,880	―
家屋（自宅家屋）	460	―
事業用不動産（注2）	6,200	―
動産・その他の資産	250	100
事業用負債　買掛金・支払手形	330	―
手形借入	840	―
証書借入	2,650	―
住宅ローン	1,010	―

注2：事業用不動産は、小野寺商店の事業の用に供されている土地・家屋であり、手形借入および証書借入の担保に供されている。

〈生命保険等〉 (単位：万円)

保険種類	契約者 (保険料負担者)	被保険者	死亡保険金 受取人	保険金額	解約返戻金 相当額(注3)
定期保険A	秀雄	秀雄	恵美	3,000	0
定期保険B(注4)	秀雄	秀雄	恵美	1,200	0
終身保険C	秀雄	秀雄	恵美	500	360
終身保険D	秀雄	恵美	秀雄	600	510
個人年金保険E(注5)	秀雄	秀雄	恵美	600	500
個人年金保険F(注5)	恵美	恵美	秀雄	850	800

注3：解約返戻金相当額は、現時点（2024年4月1日）で解約した場合の金額である。

注4：定期保険Bには、災害割増特約（600万円）が付加されているが、これ以外の保険に付加されている特約はない。

注5：個人年金保険EおよびFの保険金額は、年金支払開始時に一括して年金原資を受け取った場合の金額であり、被保険者の死亡時には、便宜上、解約返戻金相当額が支払われるものとする。

Ⅲ．小野寺商店の財務データ（2023年の決算書・確定申告書より）

（1）売上（収入）金額（雑収入を含む）		53,815,520円
（2）売上原価		省略
（3）必要経費		省略
	うち減価償却費	1,680,770円
（4）青色申告特別控除の金額		650,000円
（5）事業所得の金額		8,250,000円
（6）2023年中の借入金（元本）の返済額		1,800,000円
（7）2023年中の新規借入額		なし
（8）2023年中の固定資産の購入・売却		なし

注6：必要経費には、貸倒引当金などの引当金は含まれていない。

Ⅳ．その他

上記以外については、各設問において特に指定のない限り一切考慮しないこととする。

【問題39】　ＦＰの富田さんは、まず現時点（2024年4月1日）における小野寺家のバランスシート分析を行うこととした。下表の空欄（ア）の金額を計算しなさい。なお、資産・負債ともに、未収利息・未払利息など支払期日の到来していない利息等については考慮しないこと。

〈小野寺家のバランスシート〉　　　　　　　　　　　　　　　　　　（単位：万円）

〈資産〉		〈負債〉	
金融資産	×××	事業用負債	×××
事業用資産（不動産以外）	×××	住宅ローン	×××
生命保険（解約返戻金相当額）	×××	負債合計	×××
不動産	×××		
動産・その他の資産	×××	〈純資産〉	（　ア　）
資産合計	×××	負債・純資産合計	×××

答え　　　　　　　　　　　万円

【問題40】　ＦＰの富田さんは、〈設例〉の「小野寺商店の財務データ」を基に、「小野寺商店の物品販売業から生み出されるキャッシュフロー（以下「キャッシュフロー」という）」を計算することとした。簡便的に、下記の手順により計算した場合のキャッシュフローの金額として、正しいものはどれか。なお、解答に当たっては、下記項目および〈設例〉の「小野寺商店の財務データ」以外の情報については考慮しないこと。また、富田さんの使用した簡便法の妥当性等、問題の趣旨と関係のないことについては一切考慮しないこと。

（ａ）2023年の事業所得の金額（青色申告特別控除前）
　　…8,250,000円＋650,000円＝8,900,000円（ア）
（ｂ）所得金額の計算上は収入金額から控除されるが、現金支出を伴わない項目…（イ）
（ｃ）所得金額の計算上は必要経費にならないが、現金支出を伴う項目…（ウ）
（ｄ）キャッシュフローの金額＝（ア）＋（イ）−（ウ）

注：未収・未払いなど、決算期をまたいだ現金収支の"ずれ"については考慮していない。

1．8,130,770円
2．8,369,230円
3．8,780,770円
4．9,019,230円

答え

【問題41】 秀雄さんは、国民年金基金に加入している。ＦＰの富田さんが説明した国民年金基金の仕組みに関する次の記述のうち、最も適切なものはどれか。

1．国民年金基金の掛金は、加入時の年齢、男女の別、給付の型等によって決まり、他制度への重複加入等にかかわらず、月額68,000円が上限である。

2．国民年金基金に加入できるのは、国民年金の第１号被保険者と第３号被保険者である。

3．国民年金基金は、厚生年金保険に加入した場合など、一定の事由に該当した場合を除き、任意に脱退することはできない。

4．国民年金基金の年金額は、加入後の予定利率の変動に合わせて変動する。

答え _____

【問題42】 長男の則之さんの同僚の大野さんは、来月末で退職する予定である。退職後は、健康保険の任意継続被保険者になることを考えている。ＦＰの富田さんが説明した任意継続被保険者に関する次の記述の空欄（ア）～（ウ）に入る適切な語句を語群の中から選び、その番号のみを解答欄に記入しなさい。なお、大野さんは全国健康保険協会管掌健康保険（以下「協会けんぽ」という）の被保険者である。また、同じ語句を何度選んでもよいこととする。

> 任意継続被保険者としての加入期間は、通常（ ア ）である。また、任意継続被保険者になるためには、資格喪失日の前日まで継続して（ イ ）以上被保険者であったことが必要である。加入手続きは、原則として、資格喪失日から（ ウ ）以内に住所地を管轄する協会けんぽの都道府県支部に申請しなければならない。

〈語群〉
1．1年間　　2．2年間　　3．3年間　　4．2ヵ月　　5．6ヵ月
6．12ヵ月　7．10日　　8．20日　　9．24日

答え ア _____ イ _____ ウ _____

【問題43】　秀雄さんは、いつからどのような老齢年金が受給できるのか、ＦＰの富田さんに質問をした。富田さんが説明した秀雄さんの老齢年金についての下記の図のうち、正しいものはどれか。なお、秀雄さんは、大学卒業後約６年間、民間の会社に勤務して厚生年金保険に加入、退職後は国民年金の第１号被保険者として、保険料を納め続けている。

1.

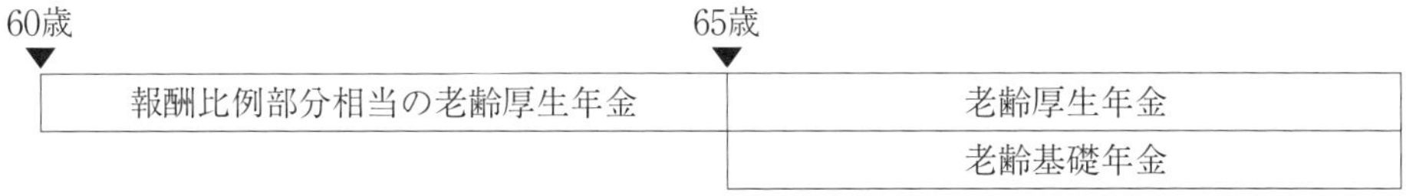

60歳 ▼　　　　　　　　　　　　　　　65歳 ▼

| 報酬比例部分相当の老齢厚生年金 | 老齢厚生年金 |
| | 老齢基礎年金 |

2.

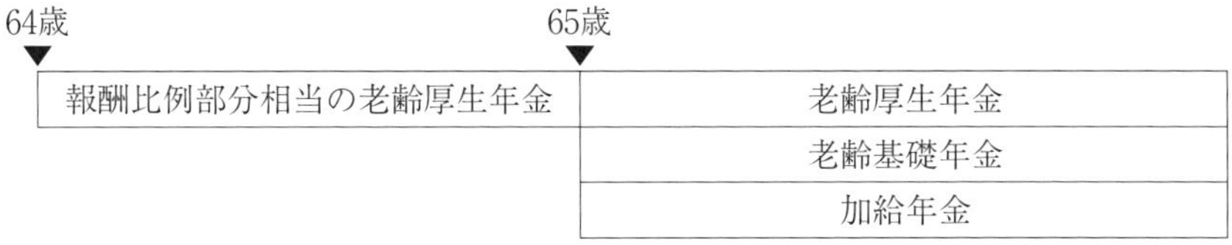

64歳 ▼　　　　　　　　　　　　　　65歳 ▼

報酬比例部分相当の老齢厚生年金	老齢厚生年金
	老齢基礎年金
	加給年金

3.

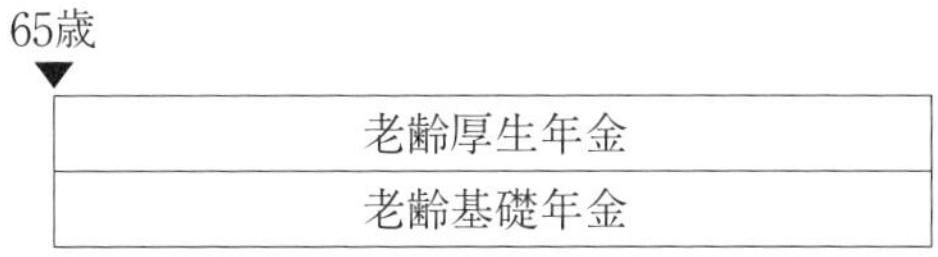

65歳 ▼

| 老齢厚生年金 |
| 老齢基礎年金 |

4.

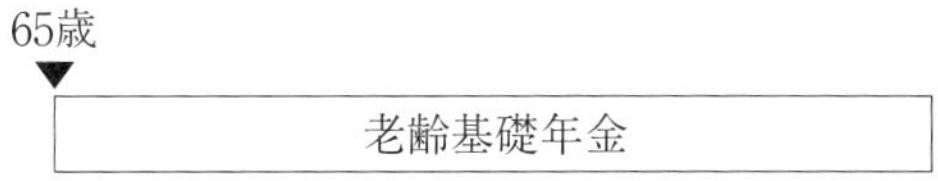

65歳 ▼

| 老齢基礎年金 |

答え

【設問】 次の設例に基づき、下記の【問題44】～【問題50】について解答しなさい。

〈設例〉
上場企業ＱＸ株式会社の会社員である天野健夫さんは、今般、自分の老後のことなどに関して、ＦＰで税理士でもある皆川さんに相談をした。なお、下記のデータはいずれも2024年１月１日現在のものである。

Ⅰ．家族構成（同居親族）

氏名	続柄	生年月日	年齢	職業
天野　健夫	本人	1966年５月23日	57歳	会社員
幸子	妻	1963年３月30日	60歳	パート
美紀	長女	1993年６月11日	30歳	会社員
雅夫	長男	1995年３月15日	28歳	会社員

注１：雅夫さんには、軽度の身体上の障害がある。
注２：健夫さんと幸子さんは1992年２月に結婚している。

Ⅱ．天野家の親族関係図

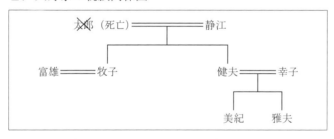

注３：上記親族関係図中、死亡と記載のある者以外はすべて生存している。

Ⅲ．天野家（健夫さんと幸子さん）の財務データ
〈保有財産（時価）〉 （単位：万円）

	健夫	幸子
金融資産		
預貯金等	2,600	400
株式	30	230
投資信託	520	250
生命保険（解約返戻金相当額）	（各自計算）	（各自計算）
不動産		
土地（自宅敷地）	2,400	800
建物（自宅）	600	200
その他（動産等）	200	200

注４：自宅（土地、建物）は健夫さんと幸子さんの共有で、それぞれの持分は健夫さんが４分の３、幸子さんが４分の１である。

＜負債残高＞

住宅ローン　：740万円（債務者は健夫さん、団体信用生命保険付き）

住宅ローン　：340万円（債務者は幸子さん、団体信用生命保険付き）

自動車ローン：120万円（債務者は健夫さん）

＜生命保険等＞　　　　　　　　　　　　　　　　　　　　　　（単位：万円）

保険種類	契約者	被保険者	死亡保険金受取人	保険金額	解約返戻金相当額	保険期間
終身保険A	健夫	健夫	幸子	800	540	終身
定期保険B	健夫	健夫	幸子	2,500	0	2026年8月
終身保険C	健夫	幸子	健夫	700	480	終身
養老保険D	幸子	健夫	幸子	400	360	2024年10月

注5：解約返戻金相当額は、現時点（2024年1月1日）で解約した場合の金額である。

注6：すべての契約について、契約者が保険料を負担している。

注7：契約者配当および契約者貸付はないものとする。

＜2023年中の収入金額＞

健夫さん：ＱＸ株式会社からの給与収入　800万円

幸子さん：ＬＹ株式会社からの給与収入　　55万円

　　　　　　　　　　（2023年3月まで正社員として勤務）

　　　　　ＣＺ株式会社からの給与収入　　80万円

　　　　　　　　　　（2023年4月以降、パート勤務）

Ⅳ．その他

上記以外の情報については、設問において特に指示のない限り一切考慮しないこと。

【問題44】 ＦＰの皆川さんは、まず現時点（2024年１月１日時点）における天野家（健夫さんと幸子さん）のバランスシート分析を行うことにした。下表の空欄（ア）に入る数値を計算しなさい。

＜天野家（健夫さんと幸子さん）のバランスシート＞ （単位:万円）

［資産］		［負債］	
金融資産		住宅ローン	××××
預貯金等	××××	自動車ローン	××××
株式	××××	負債合計	××××
投資信託	××××		
生命保険（解約返戻金相当額）	××××		
不動産			
土地（自宅敷地）	××××	［純資産］	（　ア　）
建物（自宅）	××××		
その他（動産等）	××××		
資産合計	××××	負債・純資産合計	××××

答え 　　　　　　　　

【問題45】 幸子さんの2023年分の給与収入が〈設例〉のとおりである場合、2023年分の所得税の計算における幸子さんの給与所得の金額として、正しいものはどれか。

＜給与所得控除額の速算表＞（一部抜粋）

給与等の収入金額		給与所得控除額
	162.5万円　以下	55万円
162.5万円　超	180万円　以下	収入金額×40％ － 10万円
180万円　超	360万円　以下	収入金額×30％ ＋ 8万円
360万円　超	660万円　以下	収入金額×20％ ＋ 44万円
660万円　超	850万円　以下	収入金額×10％ ＋110万円
850万円　超		195万円

1．15万円
2．32万円
3．65万円
4．80万円

答え

【問題46】　幸子さんは、料理教室を開業することを計画しており、健夫さんはその開業資金として、2023年中に幸子さんに300万円を贈与することを検討している。この贈与に係る贈与税に関するＦＰの皆川さんの次の説明のうち、最も適切なものはどれか。なお、幸子さんが同年中に贈与により取得する財産は、上記の300万円以外にないものとする。また、この贈与に関して特例等の適用を受けることができる場合には、必要な諸手続きを適正に行い、特例等の適用を受けるものとする。

＜贈与税の速算表（一般税率）＞（一部抜粋）

基礎控除後の課税価格				税率	控除額
		200万円	以下	10%	——
200万円	超	300万円	以下	15%	10万円
300万円	超	400万円	以下	20%	25万円
400万円	超	600万円	以下	30%	65万円
600万円	超	1,000万円	以下	40%	125万円
1,000万円	超	1,500万円	以下	45%	175万円

1．「贈与税の配偶者控除の適用が受けられますので、贈与税はかかりません。」
2．「贈与税の配偶者控除の適用は受けられませんので、贈与税額は19万円になります。」
3．「贈与税の配偶者控除の適用は受けられませんので、贈与税額は35万円になります。」
4．「贈与税の配偶者控除の適用は受けられませんので、贈与税額は190万円になります。」

答え　☐

【問題47】　健夫さんは、自分が2024年１月１日に死亡したと仮定した場合の終身保険Ｃの税務上の取扱いについて、ＦＰの皆川さんに質問をした。この質問に対する皆川さんの次の説明のうち、最も適切なものはどれか。なお、健夫さんの死亡後、幸子さんが終身保険Ｃの契約者になるものとする。

1．「死亡保険金の700万円が相続税の課税対象となり、生命保険金の非課税規定の適用があります。」
2．「死亡保険金の700万円が相続税の課税対象となりますが、生命保険金の非課税規定の適用はありません。」
3．「解約返戻金相当額である480万円が相続税の課税対象となります。」
4．「終身保険Ｃは、相続税の課税対象となりません。」

答え　☐

【問題48】 健夫さんは、身体に障害のある雅夫さんのために、自分たち夫婦の相続に際しては雅夫さんに多くの財産を遺したいと考えており、遺言書を作成することを検討している。この遺言書に関するFPの皆川さんの次の説明の空欄（ア）、（イ）に入る適切な数値を語群の中から選び、解答欄に記入しなさい。

「雅夫さんに多くの財産を遺す旨の遺言書を作成する際には、美紀さんの遺留分に注意する必要があります。仮に、最初に健夫さんが死亡し（1次相続時）、健夫さんの死亡後に幸子さんが死亡した（2次相続時）とした場合、美紀さんの1次相続時における遺留分は（　ア　）であり、2次相続時における遺留分は（　イ　）となります。」

〈語群〉

0　　1／2　　1／3　　2／3　　1／4　　1／6　　1／8

答え	ア		イ	

【問題49】 幸子さんの60歳時点における厚生年金保険加入歴等が下記〈資料〉のとおりである場合、幸子さんが63歳から受給できる報酬比例部分の年金額はいくらになるか。なお、幸子さんは、60歳以降は会社に勤務しない（厚生年金保険に加入しない）ものとし、記載以外の老齢厚生年金の受給要件はすべて満たしているものとする。

〈資料〉

［幸子さんの厚生年金保険加入歴等］

2003年3月以前：被保険者期間　164月　平均標準報酬月額　260,000円

2003年4月以後：被保険者期間　192月　平均標準報酬額　340,000円

※平成31年4月以降のパートタイマーとして勤務している期間は、所定労働時間等の関係上、厚生年金保険の被保険者にはならない。

［報酬比例部分の年金額の計算式］（2024年度）

A：平均標準報酬月額 × $\dfrac{7.125}{1000}$ × 2003年3月以前の被保険者期間の月数

B：平均標準報酬額 × $\dfrac{5.481}{1000}$ × 2003年4月以後の被保険者期間の月数

報酬比例部分の年金額 ＝ A ＋ B

［年金額の端数処理］

年金額は円未満を四捨五入するものとする。

答え	円

【問題50】　健夫さんは、公的介護保険の仕組みについて、ＦＰの皆川さんに質問をした。下記〈資料〉は、皆川さんが介護保険制度について説明した際に使用した表の一部である。下表の空欄（ア）～（ウ）に入る適切な語句を語群の中から選び、その番号のみを解答欄に記入しなさい。

〈資料〉

	対象者	保険料の徴収方法	利用者負担
第1号 被保険者	65歳以上の者	老齢年金等の額が年額18万円以上の者については、市町村が（　イ　）徴収する。	原則、サービスにかかる費用の（　ウ　）（注）
第2号 被保険者	（　ア　）から64歳までの医療保険加入者	医療保険者が医療保険料に上乗せして徴収する。	原則、サービスにかかる費用の（　ウ　）

（注）一定以上の所得のある第1号被保険者や、さらに所得の高い現役並み所得者はより負担が大きくなる。

┌─〈語群〉──────────────────────────────
│　1．35歳　　　　　　　　　　2．40歳　　　　　　　　　　3．45歳
│　4．納付書等により個別　　5．住民税に上乗せして
│　6．年金から差し引いて　　7．1割
│　8．2割　　　　　　　　　　9．3割
└───────────────────────────────────

答え　| ア |　　　　| イ |　　　　| ウ |　　　　|

8. 保険証券の見方

出題傾向	●協会実施の試験で毎回出題されている。今後もパターンを変えての出題が予想されるので、基本的な見方を理解しておく。

●保険証券の例●

① 保険種類　定期保険特約付終身保険

②
被保険者　　　　保険　太郎　様

　　　　　　契約年齢　35歳　男性

保険契約者　　　保険　太郎　様

受取人　　　　　保険　花子　様

証券番号　XXXX

契約日（保険期間の始期）

平成×年7月1日

主契約の保険期間

終身

③ 主契約の保険料払込期間

65歳払込済

社員配当金支払方法

積立配当方式

④
⑤

●ご契約内容（主契約・特約の内容）

主契約・特約名称	保険期間	保険金・給付金	
終身保険（主契約）	終身	保険金額	○○○万円
定期保険特約	10年	保険金額	○○○○万円
災害割増特約	10年	保険金額	○○○万円
疾病入院特約	80歳満了	日額	○○○円

●お払込いただく保険料の内容

⑥
毎回お払込いただく保険料額

平成×年の契約応当日前　　　　　　　　　　　　　　○○○○円

平成×年の契約応当日から20年間　　　　　　　　　○○○円

［保険料払込方法（回数）］　　　　年12回

［保険料払込期月］　　　　　　　　毎月

①どのような種類の保険に加入しているのかを確認する（この例は定期保険特約付終身保険）

②誰が契約者、被保険者、受取人であるのかを確認する。被保険者に保険事故が生じた場合に、保険金や給付金が支払われる

③いつまで保険料を支払うのかを確認する（この例では、65歳までの支払い）

④主契約・各特約の保険期間を確認する

⑤主契約・各特約の保険金額を確認する

●主な特約

定期保険特約	保険期間は一定で、その間の死亡を保障
収入（生活）保障特約	死亡以後、契約時に定めた満期まで年金方式で保険金が受け取れる
特定（3大）疾病保障特約	ガン、急性心筋梗塞、脳卒中の3大疾病により所定の状態になった場合、死亡保険金と同額の保険金が受け取れる
リビングニーズ特約	医師に余命6ヵ月と診断された場合、死亡保険金の一部または全部が受け取れる。保険料は無料
災害割増特約	不慮の事故などで死亡した場合、主契約の死亡保険金に上乗せして災害保険金が受け取れる
傷害特約	不慮の事故などで死亡した場合、主契約の死亡保険金に上乗せして災害保険金が受け取れる。また、不慮の事故で所定の障害状態になった場合、障害状態に応じて障害給付金が受け取れる
疾病入院特約	病気で入院した場合、入院給付金が受け取れる。また、病気や不慮の事故で手術をした場合、手術給付金が受け取れる
災害入院特約	不慮の事故で入院した場合、入院給付金が受け取れる
生活習慣病特約	ガン・糖尿病・心疾患・高血圧疾患・脳血管疾患で入院すると、主契約の入院給付金に上乗せして特約の入院給付金が支払われる
通院特約	入院給付金の対象となる入院をして、退院後、その入院の原因となった病気等で通院した場合、通院給付金が受け取れる
先進医療特約	受診時に厚生労働大臣が認可する先進医療に該当する治療を受けたとき、技術料に対応する給付金が支払われる

⑥保険料や保険料の払込み方法（月払い、半年払い、年払い、一時払いなど）を確認する

8. 保険証券の見方

【問1】 石川大輔さんが加入している生命保険に関する次の記述の
うち、誤っているものはどれか。

〈資料／保険証券〉

1. 仮に大輔さんが現時点で交通事故により死亡した場合、一時金で2,100万円と年金受取りで200万円×10回が支払われる。

2. 仮に大輔さんが現時点で階段から転落して足を複雑骨折し、7日間入院した後、その治療の目的で10日間通院した場合、合計で4.5万円支払われる。

3. 仮に大輔さんが現時点で糖尿病と診断され、20日間の入院をした場合、合計で8万円支払われる。

正解 答え 3

1. 正しい。
   ・一時金：2,100万円 （内訳）終身保険金：300万円 定期保険特約保険金：1,700万円
   傷害特約保険金：100万円
   ・年金：200万円×10回（内訳）年金払定期保険特約保険金：200万円×10回

2. 正しい。
   （内訳）災害入院給付金：5,000円×（7日－4日）＝1.5万円
   通院給付金：3,000円×10日＝3万円

3. 誤り。16万円が支払われる。
   （内訳）疾病入院給付金：5,000円×（20日－4日）＝8万円
   成人病入院給付金：5,000円×（20日－4日）＝8万円

【問2】 下記の生命保険に関する次の記述の空欄（ア）、（イ）に入る適切な数値および語句の組み合わせとして、正しいものはどれか。

〈資料／保険証券〉

◎終身医療保険　証券（一部抜粋）

◇契約者名：佐々木　美香　様
◇被保険者名：佐々木　美香　様
◇契約年齢：30歳
◇受取人
（給付金受取人）：被保険者　様
（死亡給付金受取人）：佐々木　隆　様
［保険契約者との続柄：夫］

◇契約年月日
　2003年（平成15年）9月1日
◇保険料払込満了
　2033年（平成45年）8月31日
◇保険期間
　終身
◇保険料
　＊＊＊円

◇保障内容

主契約	入院給付金	入院5日目から　日額10,000円
	手術給付金（手術の種類に応じて）	10・20・40万円
	死亡給付金	100万円
女性疾病医療特約①	女性疾病入院給付金	入院5日目から　日額5,000円
	手術給付金（手術の種類に応じて）	10・20・40万円

　美香さんは子宮筋腫の摘出手術のため、2024年5月2日から5月10日まで入院をした。美香さんが受け取ることのできる入院給付金は（　ア　）で、美香さんが受け取った入院給付金は（　イ　）となる。なお、美香さんはこのほかに手術給付金を受け取っている。②

1．（ア）135,000円　（イ）所得税（雑所得）の対象
2．（ア）75,000円　（イ）非課税
3．（ア）135,000円　（イ）非課税
4．（ア）75,000円　（イ）所得税（雑所得）の対象

①女性特有の子宮や乳房に関連するガンや疾病、妊娠時の入院や手術など（異常分娩等）に対して、女性疾病入院特約から入院給付金や手術給付金が支払われる。設問の場合、「入院5日目から」と記載されているので、4日間は支払われない。

②入院給付金、高度障害保険金、障害給付金、リビングニーズ特約により支払われる特約保険金、特定（三大）疾病保険金は非課税である。

正解　答え　2

（ア）入院給付金内訳
　　主契約の入院給付金：10,000円×（9日－4日）＝50,000円…①
　　女性疾病医療特約の女性疾病入院給付金：5,000円×（9日－4日）＝25,000円…②
　　①＋②＝75,000円
（イ）入院給付金は非課税である。

チャレンジ問題　解答・解説は189ページ〜

【問題51】　山岸ひとみさんが契約者（保険料負担者）および被保険者として加入している生命保険（下記〈資料〉参照）の保障内容等に関する次の記述の空欄（ア）〜（ウ）にあてはまる数値を解答欄に記入しなさい。なお、保険契約は有効に継続し、かつ特約（更新型）も自動更新しているものとし、ひとみさんはこれまでに〈資料〉の保険から、保険金・給付金を一度も受け取っていないものとする。

〈資料〉

定期保険特約付終身保険　　　　　　　　保険証券記号番号　××－×××××

保険契約者	山岸　ひとみ　様
被保険者	山岸　ひとみ　様 昭和46年8月21日生　女性
受取人	死亡保険金 山岸　正信　様（夫）

保険契約者印（山岸）
受取割合　10割

◇契約日
　2000年（平成12年）11月1日
◇主契約の保険期間
　終身
◇主契約の保険料払込期間
　31年間
◇特約の保険期間
　10年

◇ご契約内容
終身保険金額（主契約保険金額）	100万円
定期保険特約保険金額	1,000万円
三大疾病保障定期保険特約保険金額	300万円
傷害特約保険金額	500万円
災害入院特約　　　　入院5日目から	日額　5,000円
疾病入院特約　　　　入院5日目から	日額　5,000円

（＊約款所定の手術を受けた場合、手術の種類に応じて入院給付金日額の10倍・20倍・40倍の手術給付金を支払います。）

| 女性疾病入院特約　　入院5日目から | 日額　5,000円 |

※入院給付金の1入院当たりの限度日数は120日、通算限度日数は1,095日です。
※180日以内に同じ病気で再度入院した場合は1回の入院とみなします。

◇お払い込みいただく合計保険料
毎回　　　△△△△円
［保険料払込方式］
月払い

ひとみさんが現時点で、

・交通事故で死亡した場合（入院・手術はない）、保険会社から支払われる保険金・給付金の合計は（　ア　）万円である。

・子宮頸ガン（悪性新生物）で22日間入院し、給付倍率40倍の手術（1回）を受けた場合、保険会社から支払われる保険金・給付金の合計は（　イ　）万円である。

・突発性難聴で18日間入院し、退院してから25日後に同じ病気で再度6日間入院した場合（いずれも手術は受けていない）、保険会社から支払われる保険金・給付金の合計は（　ウ　）万円である。

答え　| ア | | イ | | ウ | |

【問題52】　会社員の広尾武雄さんが加入している医療保険（下記〈資料〉参照）に関する次の記述の空欄（ア）〜（ウ）にあてはまる数値を解答欄に記入しなさい。なお、武雄さんはこれまでに〈資料〉の保険から保険金・給付金を一度も受け取っていないものとする。

＜資料＞

保険種類　医療保険 証券番号　＊＊＊＊＊＊＊＊＊＊		契約日（保険期間の始期） ２０１０年（平成２２年）５月１日	
保険契約者	広尾　武雄　様		保険契約者印 広尾
被保険者	広尾　武雄　様 契約年齢　３５歳		
受取人	（給付金）被保険者　様 （死亡保険金）広尾　由紀恵　様（続柄　妻） 分割割合　１０割		
指定代理請求人	広尾　由紀恵　様（続柄　妻）		

◇保障内容

疾病入院給付金	１日につき　　日額５，０００円（入院１日目から保障）
災害入院給付金	１日につき　　日額５，０００円（入院１日目から保障）
手術給付金	１回につき　　　　　１０万円（約款所定の手術を受けたとき）
通院給付金	１日につき　　日額３，０００円（退院後の通院に限る）
死亡保険金	５０万円
ガン診断治療給付金	１回につき　　　　　５０万円（２年に１回を限度）

◇保険料

保険期間	終身	保険料	毎回＊＊＊＊円
保険料払込期間	終身	保険料払込方法	月払い

現時点において、
・武雄さんが、交通事故で死亡した場合（入院・手術・通院はない）、由紀恵さんが受け取る死亡保険金は（　ア　）万円である。
・武雄さんが、趣味のスキーで骨折して２日間入院し（手術はしていない）、退院日の翌日から約款所定の期間内に10日間通院をした場合、武雄さんが受け取る給付金の合計額は（　イ　）万円である。
・武雄さんが、初めて肺ガン（悪性新生物）と診断され、治療のため20日間入院し、その間に約款所定の手術（１回）を受けた場合、武雄さんが受け取る給付金の合計額は（　ウ　）万円である。

答え	ア		イ		ウ	

9. 生命保険と税金

出題傾向	●協会実施の試験で、かなりの頻度で出題されている。

●生命保険料控除● （2012年1月1日以後に契約・転換・更新した生命保険契約の場合）

	一般の生命保険料控除	介護医療保険料控除	個人年金保険料控除
対象となる保険と保険料	生存または死亡に基因して一定額の保険金、その他給付金を支払うことを約する部分に係る保険料（団信は対象外）	入院・通院等にともなう給付部分に係る保険料（傷害関連の保険料はいずれの区分も控除の対象外）	保険料払込期間10年超、確定年金の場合60歳以降10年以上の支払期間等の要件を満たす個人年金
控除の適用限度額	所得税…**最高4万円** 住民税…**最高2.8万円**	所得税…**最高4万円** 住民税…**最高2.8万円**	所得税…**最高4万円** 住民税…**最高2.8万円**

※**その年に実際に支払われた保険料が対象。**
※3つの控除を合計した適用限度額は**所得税12万円・住民税7万円**。
※旧制度（2011年12月31日以前の契約）の生命保険料控除は、一般の生命保険料控除と個人年金保険料控除の2種類で、控除の適用限度額はそれぞれ所得税が最高5万円、住民税が最高3.5万円。
※旧制度と新制度の両方に契約がある場合、旧制度と新制度でそれぞれ計算して合計することができるが、合計した場合の各控除の適用限度額は所得税で4万円、住民税で2.8万円。旧制度のみで所得税の控除額が4万円超の場合は、引き続き旧制度で控除を受ける。各控除の金額を計算したら最後に合計するが、新・旧あわせて制度全体の適用限度額は所得税で12万円、住民税で7万円。

●保険金と税金●

保険金	契約者 (保険料負担者)	被保険者	受取人	対象となる税金の種類
死亡保険金	夫	夫	妻（相続人）	**相続税**（保険金非課税※の適用あり）
	夫	夫	相続人以外の人	相続税（保険金非課税※の適用なし）
	夫	妻	夫	**所得税（一時所得）**
	夫	妻	子	贈与税
満期保険金	夫	―	夫	**所得税（一時所得）**
	夫	―	妻	贈与税

※500万円×法定相続人の数に相当する額

●非課税となるもの＝傷病にかかる保険金・給付金●

高度障害保険金、リビング・ニーズ特約の保険金、入院給付金、生前給付保険金、所得保障保険金、介護給付金等

●個人年金と税金●

契約者	被保険者	年金受取人	個人年金保険料控除	年金開始時 （年金受給権）	毎年の年金に対して（注）
A (夫)	A (夫)	A (夫)	あり	保証期間に被保険者死亡で相続人が受ける年金受給権は相続税	所得税（**雑所得**）の課税 雑所得＝年金年額−必要経費 （25万円以上なら10.25％源泉徴収）
A (夫)	B (妻)	A (夫)	なし	―	
A (夫)	B (妻)	B (妻)	あり	**贈与税**の課税 （年金受取人に対して年金開始時点での年金の権利評価額に贈与税がかかる（注））	必要経費 年金年額×正味払込保険料総額／年金の総支給見込額
A (夫)	A (夫)	B (妻)	なし		

※確定年金の一時金受取は一時所得、保証期間付終身年金の保証期間の一時金受取は雑所得
(注)相続や贈与により受け取る「年金部分」の税務上の取扱いは下記のとおりである。
　①**支給初年度は全額非課税**
　②**2年目以降**支給最終年まで所得税の**課税部分と非課税部分に振り分け**、課税部分の所得金額にのみ所得税を課税

【問　題】 妹尾公子さんが加入している生命保険の明細は下表のとおりである。仮に現時点で公子さんが死亡した場合に支払われる死亡保険金のうち、相続税の課税価格に算入される金額（死亡保険金のうちの非課税金額を控除した後の金額）として、正しいものはどれか。なお、相続放棄はないものとする。

（単位：万円）

保険種類	保険契約者 (保険料負担者)	被保険者	死亡保険金 受取人	保険 金額	保険 期間
終身保険 W	公子	公子	修二	1,000	終身
終身保険 X	公子	公子	桃子	600	終身
終身保険 Y	公子	公子	恵美	400	終身
終身保険 Z	公子	公子	裕一	400	終身

Ⅱ．妹尾家の親族関係図

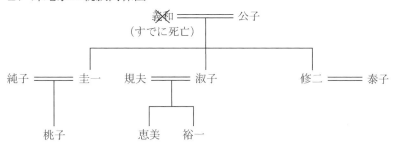

1.　　　　0円
2.　　900万円
3.　1,400万円
4.　1,500万円

チェックポイント

　相続税の課税対象となる生命保険契約は、契約者・被保険者が同一で、受取人がそれ以外であるものである。したがって、終身保険W〜Zまでのすべての生命保険契約が相続税の課税対象となる。

　非課税金額の合計額は、500万円×法定相続人の数となる。本問の法定相続人は、圭一さん、淑子さん、修二さんの3名である。したがって、500万円×3名＝1,500万円となる。

　この金額を法定相続人が受け取った保険金額で按分する。

　本問においては、法定相続人は修二さんだけであるため、この非課税金額は修二さんの保険金からのみ差し引くことができる。本問では修二さんの受け取る死亡保険金1,000万円は、非課税金額が1,500万円であるため、相続税の課税価格に算入しなくてよい。500万円引ききれないが、他の死亡保険金から差し引くことはできない。

　したがって、法定相続人ではない桃子さん、恵美さん、裕一さんが受け取った死亡保険金額の合計600万円＋400万円＋400万円＝1,400万円が相続税の課税価格に算入されることになる。

正解	3

チャレンジ問題　　解答・解説は190ページ

【問題53】　下記〈資料〉の個人年金保険に関する次の記述の空欄（ア）〜（ウ）にあてはまる数値または語句の組み合わせとして、正しいものはどれか。なお、山岸悟さんが加入している個人年金保険は下記〈資料〉の契約のみとし、契約は有効に継続しているものとする。また、保険料はすべて悟さんが負担しており（2023年12月分まで支払い済みである）、2023年中の配当はないものとする。

〈資料〉

［個人年金保険　保険証券（一部抜粋）］

保険契約者 ：山岸　悟様	契約日 ：2012年（平成24年）9月1日
被保険者 ：山岸　悟様（契約年齢：３５歳）	保険料払込期間 ：６０歳払込満了
年金受取人 ：山岸　悟様	保険料 ：８，７００円（月払い）
死亡給付金受取人：山岸　明子様（妻）	＊税制適格特約付加

◆ご契約内容
基本年金額：３０万円（６０歳年金支払開始・１０年確定年金）

年間の支払保険料の合計		控除額
	20,000円以下	支払金額
20,000円超	40,000円以下	支払金額×１／２＋10,000円
40,000円超	80,000円以下	支払金額×１／４＋20,000円
80,000円超		40,000円

・悟さんの2023年分の所得税の個人年金保険料控除額は、（　ア　）円である。
・悟さんが毎年受け取る年金は、（　イ　）の課税対象となる。
・悟さんが年金受取り開始前に死亡した場合、明子さんが受け取る死亡給付金は、
　（　ウ　）の課税対象となる。

1．（ア）40,000　　（イ）所得税（雑所得）　　（ウ）相続税
2．（ア）40,000　　（イ）所得税（一時所得）　（ウ）所得税（一時所得）
3．（ア）50,000　　（イ）所得税（雑所得）　　（ウ）所得税（一時所得）
4．（ア）50,000　　（イ）所得税（一時所得）　（ウ）相続税

答え

【問題54】 下記の生命保険契約について、保険金・給付金が支払われた場合の税金に関する次の記述の空欄（ア）〜（ウ）に入る適切な語句を語群の中から選び、その番号のみを解答欄に記入しなさい。なお、同じ語句を何度選んでもよいこととする。

〈生命保険の加入状況〉

	保険種類	払込み方法	契約者 （保険料負担者）	被保険者	死亡保険金 受取人	満期保険金 受取人
契約A	医療保険	月払い	夫	夫	妻	—
契約B	定期保険	月払い	夫	夫	妻	—
契約C	養老保険	年払い	妻	夫	妻	妻

※契約A、B、Cはいずれも保険期間10年とする。

・契約Aについて、夫が受け取った入院給付金は、（　ア　）となる。
・契約Bについて、妻が受け取った死亡保険金は、（　イ　）となる。
・契約Cについて、妻が受け取った満期保険金は、（　ウ　）となる。

┌〈語群〉────────────────────────────────
│ 1．相続税の課税対象　　2．贈与税の課税対象
│ 3．所得税（雑所得）の課税対象　　4．所得税（一時所得）の課税対象
│ 5．非課税
└─────────────────────────────────────

答え	ア		イ		ウ	

10. 火災保険・地震保険

出題傾向	●損害保険では、地震保険を中心に出題される。 ●保険金額の計算問題も過去に出題されているので、その算出手順も押さえておきたい。

●火災保険で補償される事由●

- ・火災・**落雷**・破裂・爆発、消火活動による水濡れ・破損、**風災**・ひょう災・雪災
- ・外部からの落下・衝突・飛来、**給排水設備の事故**による**水漏れ**、盗難、持出し家財の損害
- ・**水害**（選択して補償の対象とするタイプもある）

※保険料は構造により算定される（M構造・T構造・H構造）。**M構造が最も割安。**

※家財については、１個または１組の価額が30万円超の貴金属・宝石・書画等は明記物件としなければ補償されない。自動車は補償の対象外

※家財については火災による通貨等の損害は補償されないが、盗難による損害は補償の対象

※地震・噴火・津波による損害は補償されない（後述の地震保険で補償）

※経年劣化の腐食は補償の対象外

●支払保険金額（比例てん補方式）●

- ・保険金額が保険価額（時価）の80％以上の場合…実際の損害額（保険金額を限度）が支払われる
- ・保険金額が保険価額（時価）の80％未満の場合…比例てん補方式（保険金額を限度）

$$支払われる保険金 = 損害額 \times \frac{保険金額}{保険価額（時価）\times 80\%}$$

(注)現在販売されている商品では、比例てん補方式ではなく、再調達価額ベースで実際の損害額を支払う実損払い方式の契約が多くなっている。

●火災事故と法律●

- ・失火による隣家等に対する損害の場合…軽過失の場合は賠償責任を負わない（失火責任法）
- ・爆発による隣家等に対する損害の場合…賠償責任を負う
- ・賃借物の失火により焼失した場合…債務不履行責任を負う
- (例)借家人が軽過失による失火で借家と隣家を焼失させた場合……**隣家に対しては賠償責任を負わなくて済むが、家主に対しては賠償責任を負う**

●地震保険●

- ・火災保険に付帯する（**単独不可。中途付加は可**）・４つの割引制度は重複適用不可
- ・保険の目的……**居住用建物**（住居のみに使用される建物および店舗併用住宅）および家財（１個・１組が30万円を超える貴金属等は対象外）
- ・保険金額……火災保険の保険金額の**30～50％以内**（建物5,000万円、家財1,000万円まで）
- ・被災時に支払われる保険金は、損害の程度に応じ、全損（保険金額の100％）、大半損（同60％）、小半損（同30％）、一部損（同５％）のいずれか

【問1】 保険金額1,200万円の火災保険を付けた保険価額2,000万円の物件が、火災によって1,000万円の損害を受けた場合、支払われる損害保険金はいくらか。なお、解答に当たっては、下記〈資料〉の保険約款（抜粋）を参照すること。

〈資料〉

［住宅総合保険普通保険約款（抜粋）］
（損害保険金の支払額）
第4条　当会社が損害保険金として支払うべき損害の額は、保険価額によって定めます。
　2．保険金額が保険価額の80％に相当する額以上のときは、当会社は、保険金額を限度とし、損害の額を損害保険金として、支払います。
　3．保険金額が保険価額の80％に相当する額より低いときは、当会社は、保険金額を限度とし、次の算式によって算出した額を損害保険金として、支払います。

$$損害の額 \times \frac{保険金額}{保険価額の80％に相当する額} = 損害保険金の額$$

【問2】 小倉さん夫婦は、マイホームが損害を受けた場合に備え、マイホーム購入時に民間の損害保険会社の住宅総合保険と地震保険に加入しようと考えている。下記の住宅総合保険に加入する場合、建物・家財に付けられる地震保険の保険金額の上限に関する次の空欄（ア）、（イ）に入る数値の組み合わせとして、正しいものはどれか。

〈住宅総合保険の契約内容（抜粋）〉

保険の目的	保険金額	
	基本契約	地震保険
木造モルタル瓦葺2階建住宅1棟　C構造	2,000万円	（　ア　）
家財一式	600万円	（　イ　）

1．（ア）　　600万円　（イ）180万円
2．（ア）　　600万円　（イ）300万円
3．（ア）1,000万円　（イ）180万円
4．（ア）1,000万円　（イ）300万円

チェックポイント

①「保険金額＜保険価額」のことを一部保険（保険金額が、目的物の保険価額に満たない損害保険契約）といい、比例てん補で支払われる。なお、「保険金額＞保険価額」のことを超過保険といい、超過部分については契約者は取り消すことができる。

②地震保険の契約は、建物と家財のそれぞれで契約する。契約金額は、火災保険の契約金額の30％〜50％の範囲内となる。ただし、建物は5,000万円、家財は1,000万円が契約の限度額になる。

正解

【問1】　答え　750万円
　1,000万円×1,200万円／2,000万円×80％＝750万円

【問2】　答え　4
　（ア）基本契約2,000万円の50％＝1,000万円
　（イ）基本契約600万円の50％＝300万円

11. 自動車保険

★★

出題傾向	●任意保険を中心に出題される場合がある。基本的な知識は押さえておきたい。

●自動車損害賠償責任保険（自賠責保険）●

概要	・すべての車（**原動機付自転車も対象**）に加入が義務づけられる強制保険 ・保険金が支払われるのは**対人賠償**事故に限られている
保険金額	・死亡１名につき最高**3,000万円**、一定の後遺障害の場合最高4,000万円、傷害の場合１名につき最高**120万円**（１事故あたりの限度額はない）
その他	・飲酒運転や無免許運転も保険金支払いの対象 ・加害車両が複数の場合は、それぞれの車について被害者１名につき最高保険金額まで支払われる ・加害者（被保険者）請求、被害者請求が可能

●自動車保険（任意保険）●

対人賠償保険	自動車事故で他人（配偶者・親・子を除く）を死傷させた場合に、自賠責保険の支払額を超える部分について保険金が支払われる。酒酔い・無免許運転であっても保険金は支払われる
自損事故保険	自賠責保険等で補償されない自動車事故で、自動車の保有者・運転者・同乗者が死傷した場合に保険金が支払われる
無保険車傷害保険	対人賠償保険が付いていない自動車との事故で、被保険者が死亡・後遺障害を負った場合に保険金が支払われる
対物賠償保険	自動車事故により他人(配偶者・親・子を除く)の財産に損害を与え、法律上の損害賠償責任（被害者の休業損害を含む）を負った場合に保険金が支払われる。酒酔い・無免許運転であっても保険金は支払われる
搭乗者傷害保険	自動車事故により運転者・同乗者が死傷した場合に、保険金が支払われる
車両保険	一般条件では、衝突・火災・単独事故・風水害・あて逃げ・窓ガラスの損壊・盗難など偶然な事故で自動車が損害を受けた場合に保険金が支払われる。いわゆるエコノミータイプでは単独事故・あて逃げの補償はないが、保険料を抑えられる。地震・噴火・津波の補償は特約の付帯が必要

＊リスク細分型自動車保険…契約者の年齢・居住地・性別などに応じて保険料を設定する保険。従来の保険料より安くなる場合と高くなる場合がある

＊人身傷害補償保険…自動車事故で死傷等した場合に、**自己の過失割合にかかわらず**、また、**示談の成立を待たずに保険金が支払われる**

●ノンフリート契約の自動車保険（任意保険）の等級ダウン等●

3等級ダウン事故	1等級ダウン事故	ノーカウント事故（１等級上がる）
対人・対物、車両保険により、１等級ダウン事故以外で保険金が支払われた場合	車両保険により、盗難・台風・いたずらなどの損害で保険金が支払われた場合	人身傷害保険等や特約のみから保険金が支払われた場合

【問題】 下記＜資料＞に基づき、杉山さん（50歳）が契約している自動車保険に関する次の（ア）～（エ）の記述について、適切なものには〇、不適切なものには×を解答欄に記入しなさい。なお、＜資料＞に記載のない特約については考慮しないものとする。

＜資料＞

自動車保険証券

保険契約者	暗償被保険者
住所 ××××　○-○○ 氏名　杉山　英二　様	（表示のない場合は契約者に同じ）

ノンフリート 運転者年齢条件	３０歳以上補償／ ３０歳以上の方が運転中の事故を補償します。（ウ）

証券番号　××-×××××

保険期間　２０２４年　５月１５日　午後４時から 　　　　　２０２５年　５月１５日　午後４時まで 　　　　　１年間	合計保険料　△△,△△△円

被保険自動車

登録番号	東京　○○○　に　××××
車体番号	△△△－△△△△△
車名	×××
用途車種	自家用小型乗用
適用している割増・割引	ノンフリート契約　２０等級　（割引６０％） 運転者家族限定割引（本人・配偶者・同居の親族・別居の未婚の子）（ア）
安全装置	エアバッグ　ＡＢＳ

補償種目・免責金額（自己負担額）など		保険金額
車両	免責金額　　１回目　　０万円 　　　　　　２回目　１０万円	一般車両保険（一般条件） 　　　　　　　　　１５０万円
対人賠償（１名につき）		無制限
無保険車傷害		人身傷害で補償されます
自損事故傷害		人身傷害で補償されます
対物賠償　　免責金額　　０万円		無制限
人身傷害（１名につき）　搭乗中のみ担保		１億円（イ）
搭乗者傷害（１名につき）		補償されません
その他の補償		
弁護士費用特約		補償されます　　３００万円
ファミリーバイク特約		補償されます（対人・対物に同じ）（エ）
事故付随費用特約		補償されません

（ア）杉山さんの友人（50歳）が被保険自動車を運転して事故を起こした場合、補償の対象とならない。

（イ）杉山さんが被保険自動車を運転中に事故を起こしケガをした場合、過失割合に関わらず治療費用の補償を受けることができる。

（ウ）杉山さんと同居している杉山さんの長女（21歳）が被保険自動車を運転して事故を起こした場合、補償の対象となる。

（エ）杉山さんが所有する原動機付自転車（50cc）を杉山さんの妻（45歳）が運転し、事故を起こして他人にケガを負わせてしまった場合、補償の対象となる。

正解	
（ア）	〇
（イ）	〇
（ウ）	×
（エ）	〇

12. 経済指標

出題傾向	●各種経済指標などについて基本的知識が問われる出題がなされる。

●景気・物価指標●

国内総生産 （GDP）	・GDP：国内で作り出された財・サービスなどの付加価値の総額で、わが国は年間約600兆円。うち民間最終消費支出が50％台を占めている ・**三面等価の原則**：経済原則として、**生産・支出・分配（所得）**の3つの数値は等しいと考える。これを三面等価の原則という （注）GDPのDは、Domestic＝国内、の意。GNPという用語もあるが、こちらのNは、National＝国民、の意。また、民間最終消費支出のほか、民間消費、という言い方もする
経済成長率	GDPの増加率を示すもので、一国の経済の基調を全体として捉える指標。物価変動の影響を除去したものが実質経済成長率
景気動向指数	内閣府が公表する総合的な景気指標。CI（コンポジット・インデックス）DI（ディフュージョン・インデックス）の2つがあり、**CIは景気変動の大きさやテンポ（量感）を、DIは景気の波及度合いを測定する**。採用している指標は景気に先行して動く先行系列、一致して動く一致系列、遅れて動く遅行系列に分類され、CI、DIそれぞれに、**先行指数、一致指数、遅行指数**が算出される。現在はCI中心の公表形態となっており、CI（一致指数）が上昇している時が景気拡張局面、下降している時が景気後退局面と判断され、CI（一致指数）の山・谷は景気の山・谷とほぼ対応する。
景気ウォッチャー調査	内閣府が、地域の景気に関連の深い動きを観察できる立場にある人々の協力を得て、地域ごとの景気動向を的確かつ迅速に把握し、景気動向判断の基礎資料とすることを目的として、毎月行っているアンケート調査
日銀短観・業況判断DI	・日本銀行の全国企業短期経済観測調査。年4回、調査・発表される ・日銀短観の中で最も注目されるのが**業況判断DI**。調査対象企業に業況が「良い」「さほど良くない」「悪い」の3つの中から回答をもらいDIを算出する （注）DIは、引き算で求める 　　　（良いという回答割合）－（悪いという回答割合）＝DI
マネーストック	通貨保有主体（一般法人・個人・地方公共団体等）が保有する通貨量の残高（金融機関や中央政府が保有する預金などは対象外）のこと （注）マネーとは、一般法人・個人・地方公共団体等の保有している、現金および預貯金を指す
消費者物価指数 企業物価指数	・消費者物価指数は家計が購入する商品・サービスの価格を示す指数（**総務省**が発表）。製品需給や為替相場の影響を受けにくい ・企業物価指数は、企業間の取引や貿易取引における商品の価格を示す指数（**日本銀行**が発表）

【問1】 各種経済指標について説明した下表の空欄（ア）、（イ）に
あてはまる語句の組み合わせとして、正しいものはどれか。

経済指標	概要
（ ア ）	全国の世帯が購入する家計に係る財およびサービスの価格等を総合した物価の変動を時系列的に測定するものである。家計において重要度の高い商品を代表として選び、その価格を調べることにしており、選定した商品を指数品目という。調査結果は各種経済施策や公的年金の給付水準の改定などに利用される。
（ イ ）	生産、雇用などさまざまな経済活動での複数の重要な指標の動きを統合することによって、景気の現状把握および将来予測等に使用する結果を算出する。調査結果には、景気拡張の動きの各経済部門への波及度合いを測定することを主な目的としたディフュージョン・インデックス（DI）と、景気変動の大きさやテンポ（量感）を測定することを主な目的としたコンポジット・インデックス（CI）の二つの種類がある。

① 消費者物価指数

② 景気動向指数

1．（ア）消費動向調査　　　（イ）景気動向指数
2．（ア）消費動向調査　　　（イ）景気ウォッチャー調査
3．（ア）消費者物価指数　　（イ）景気動向指数
4．（ア）消費者物価指数　　（イ）景気ウォッチャー調査

正解	3

【問2】 各種経済指標について説明した下表の空欄（ア）、（イ）に
あてはまる語句の組み合わせとして、正しいものはどれか。

経済指標	内容
（ ア ）	四半期ごとに行われる調査であり、各企業に対して、アンケート形式により直接業況感を確認する点が特徴である。算出された業況判断ＤＩにより、経営者の景況感を判断することができる。
（ イ ）	全国の世帯が購入する家計に係る財およびサービスの価格等を総合した物価の変動を時系列で測定するものであり、「全国」と「東京都区部」の２種類の指数が発表される。調査結果は各種経済施策や年金額の改定などに利用される。

① 日銀短観

② 消費者物価指数

1．（ア）日銀短観　　　　　　（イ）消費者物価指数
2．（ア）日銀短観　　　　　　（イ）景気動向指数
3．（ア）景気ウォッチャー調査　（イ）消費者物価指数
4．（ア）景気ウォッチャー調査　（イ）景気動向指数

正解	1

13. 金融・経済情報の見方

出題傾向	●日本経済新聞などに掲載される金融・経済用語などについて出題される。

●株式市場●

代表的な相場指標である日経平均株価225種。株価の連続性をみるために修正が加えられた修正平均株価

市場体温計

17日 東証プライム

日経平均株価(225種)	37961円80銭（－509円40銭）
	騰落率＝－1.324%
東証株価指数(TOPIX)	2663.15（－33.96）
	騰落率＝－1.259%
売買代金	4502472百万円 （－281102百万円）
売買高	177851万株 （－19989万株）
売買単価	2531.5円
売買高上位10銘柄の占有率	32.2%

TOPIX。東証旧一部とプライムの全銘柄を対象に、浮動株式数でウエイト付けした一種の時価総額指数（加重平均株価）

売買代金は１日に取引された株式の売買代金の合計。売買高とは商いが成立した株数

上場銘柄数	1652	値上がり	226		
売買成立	1652	値下がり	1388	変わらず	38
新 値 株(年初来)		高 値	21	安 値	236

騰落レシオ(25日移動平均) 102.42%

時価総額	9371928億円 （－121913億円）
普通株式数(百万株)	424616 　１株当たり時価(円) 2207.15

上場各銘柄の終値に発行済株式総数を掛け合計したもの。株式市場の規模を知ることができる

◇投資指標 〔PERと配当利回りの太字は予想、カッコ内は前期基準、PBRは四半期末基準、連結ベース〕

	PER	PBR	配当利回り (%)	
	(倍)	(倍)	単純平均	加重平均
日経平均採用銘柄	16.47(18.48)	1.50	1.71(1.75)	
JPX日経400採用銘柄	16.44(17.48)	1.59	1.83(1.84)	2.06(1.97)
東証プライム全銘柄	16.32(18.44)	1.42	2.18(2.04)	2.08(1.96)
東証スタンダード全銘柄	14.61(15.82)	1.02	2.25(2.11)	2.12(2.05)
東証グロース全銘柄	48.91(115.26)	3.24	0.57(0.46)	0.44(0.33)
株式益回り（東証プライム全銘柄）			予想	6.12%
			前期基準	5.42%

●債券市場●

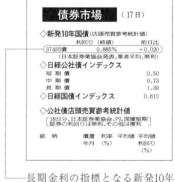

債券市場 (17日)

◇新発10年国債(店頭売買参考統計値)
利回り（終値） 前日比
374回債 0.885% ＋0.020
(日本証券業協会発表、業者平均、単利)

◇日経公社債インデックス
短 期 債 0.50
中 期 債 0.73
長 期 債 1.39

◇日経国債インデックス 0.610

◇公社債店頭売買参考統計値
(18日分、日本証券業協会、円、国庫短期)
(証券の利回りは単利、その他は複利)

銘 柄	債還 年月	利率 (%)	平均値	平均値 利回り (%)

◇各種指数(カッコ内は前日比、%は騰落率)

日経株価指数300	570.38 （－7.13）
日経500種平均株価	3248円88銭 （－40円59銭）
日経平均高配当株50指数	66990.72 （－744.28）
日経連続増配株指数	47094.96 （－514.69）
日経累進高配当株指数	40860.07 （－667.43）
日経半導体株指数	10900.03 （－169.02）
日経平均内需株50指数	27249.74 （－443.74）
日経平均外需株50指数	41084.64 （－590.00）
日経平均トータルリターン	67092.98 （－900.30）
日経平均ＶＩ先物指数	4690.75 （＋1.21%）
単純平均（東証プライム全銘柄）	2876円27銭 （－32円84銭）
東証規模別株価指数	
大型	2637.78 （－32.97）
中型	2806.63 （－39.48）
小型	4382.72 （－46.17）

長期金利の指標となる新発10年もの利付国債の利回り

$$PER = \frac{株価}{１株当たり純利益}$$

株価が１株当たり純利益の何倍まで買われているかを見る指標

$$PBR = \frac{株価}{１株当たり純資産}$$

株価が１株当たり純資産の何倍まで買われているかを見る指標

１株当たり年配当金を株価で割った配当利回りの平均

東証プライムの全銘柄の株価を単純に合計し、銘柄数で割ったもの。株価水準を知る目安になるが連続性はない

（日本経済新聞朝刊 2024年4月18日20面）

【問1】 金利等の種類とその特徴について説明した下表の空欄（ア）、（イ）に入る適切な語句を語群の中から選び、その番号のみを解答欄に記入しなさい。

金利等の種類	説明
（ア）	新規に発行された償還期間10年の国債の流通利回りのことで、現在、日本の長期金利の指標的な存在となっている。①
（イ）	銀行（民間金融機関）が優良企業向けの短期貸し出しに対して適用する最優遇貸出金利。②

〈語群〉
1．日経公社債インデックス長期債　2．公定歩合
3．短期プライムレート　4．無担保コール翌日物金利
5．新発10年物国債利回り　6．長期プライムレート

①長期金利の指標とみなされているのは、新規に発行された10年長期国債の流通利回りである。

②銀行が貸し倒れリスクの小さい優良企業に1年以下の短期貸出を行う場合の適用金利を「短期プライムレート」という。

正解	
（ア）	5
（イ）	3

【問2】 株価指標に関する次の記述のうち、誤っているものはどれか。

1．「日経平均株価」とは、東京証券取引所プライム市場に上場している銘柄のうち、代表的な225銘柄の株価を平均し、かつ連続性を失わないよう修正した平均株価型の指標である。①

2．「東証株価指数（TOPIX）」とは、東京証券取引所の旧第一部に上場されていた全銘柄とプライム市場上場銘柄を対象とした加重平均型の（株価）指標である。②

3．「単純平均株価」とは、上場銘柄の株価を合計して上場銘柄数で割ったものであり、市場全体の平均的な株価水準を知ることができる。③

4．「JPX日経インデックス400（JPX日経400）」とは、東京証券取引所グロース市場に上場している代表的な400銘柄を対象とした加重平均型の（株価）指標である。④

①正しい。

②正しい。

③正しい。単純平均の基本的な説明である。

④誤り。東証プライム市場・スタンダード市場・グロース市場に上場している全銘柄を対象として、ROEや営業利益、企業統治などの取組み等を考慮した基準で400銘柄を選定している。

正解	4

14. 株式投資

出題傾向	●会社四季報や日経会社情報などに掲載されている各種データを使って投資指標を導けるようにしておく。

●各種企業データと投資指標の関係●

＜株式会社Xのデータ＞

□株式

発行済み株式数	298,142(千株)
1売買単位当たりの株式数	100株
時価総額	28,514億円

純資産＝自己資本

□財務 （百万円）

総資産	1,421,653
自己資本	785,116
自己資本比率	55.2%
資本金	87,784

□指標

ROE	6.67%
ROA	3.68%

□業績 （百万円）

	売上高	営業利益	税引前利益	純利益	1株当たり利益(円)	1株当たり配当金(円)
2024年3月	688,530	90,527	79,526	52,333	175.5	42.5
2025年3月(予想)	682,320	73,070	70,856	40,731	136.6	45.0

□配当利回り・1株当たり純資産

予想配当利回り	0.31%
1株当たり純資産	2,633円

$$PBR(倍) = \frac{株価}{1株当たり純資産}$$

$$PER(倍) = \frac{株価}{1株当たり利益}$$

$$ROE(\%) = \frac{純利益}{自己資本} \times 100$$

$$配当利回り(\%) = \frac{1株当たり配当金}{株価} \times 100$$

$$配当性向(\%) = \frac{1株当たり配当金}{1株当たり利益} \times 100$$

・PER：株価収益率…株価が1株当たり利益の何倍まで買われているかを見る指標
・PBR：株価純資産倍率…株価が1株当たり純資産の何倍まで買われているかを見る指標
・ROE：自己資本利益率…自己資本を元として、どれだけの利益を上げたかを見る指標
・配当利回り：1株当たり配当金を株価で割ったもの
・配当性向：利益のうち配当金の支払いにあてられる分の割合

【問　題】　下記〈資料〉に関してFPの湯本さんが顧客に説明した次の（ア）～（ウ）の記述について、正しいものには○、誤っているものには×を解答欄に記入しなさい。なお、この企業の株価は4,500円とし、購入時の手数料および税金は考慮しないこととする。
④

〈資料〉

□株式

発行済み株式数	483,585（千株）
1売買単位当たりの株式数	100株 ④
時価総額	21,683億円

□財務　　　　　　　　　　　　　（百万円）

総資産	2,991,770
自己資本	826,146
自己資本比率	27.6%
資本金	182,531

□業績　　　　　　　　　　　　　（百万円）

	売上高	営業利益	税引前利益	純利益	1株当たり利益(円)	1株当たり配当金(円)
2022年12月	1,689,527	96,626	117,563	75,700	164.8	50
2023年12月	1,706,901	136,889	150,068	89,221	194.8	54

②

□配当（1株当たり）

2022年6月	2022年12月	2023年6月	2023年12月	2024年6月（予想）
24円	26円	26円	28円	30～32円

③　　　　　　　　　　　　　　　①

（ア）「2023年12月期の配当性向は、2022年12月期と比較すると、
　　　　①　　　　　　　　　　　②
　　　低下しています。」

（イ）「この企業の株式を2023年10月11日に購入し、2024年1月10日に売却した場合、所有期間に係る配当金（税引前）は1株当たり54円です。」
　　　③

（ウ）「この企業の株式1単元（1単位）を購入する際に必要な資金は、45万円です。」
　　　④

①2023年12月期の配当性向：54円÷194.8円×100≒27.7%

②2022年12月期の配当性向：50円÷164.8円×100≒30.3%

③2023年10月11日～2024年1月10日に受け取れた配当金は2023年12月の1株当たり28円のみ。

④1単元（1単位）の株式数は100株、株価は4,500円なので、4,500円×100株＝45万円。

正解	
（ア）	○
（イ）	×
（ウ）	○

チャレンジ問題 解答・解説は190ページ〜

【問題55】 下記〈資料〉に関する次の記述の空欄（ア）、（イ）にあてはまる語句の組み合わせとして、正しいものはどれか。なお、2022年7月7日にこの株式を購入してから2024年3月14日に売却するまで株式分割はなく、保有株数は変化はなかった。手数料および税金は考慮しないものとする。

〈資料〉
□株式

発行済み株式数	117,463（千株）
1売買単位当たりの株式数	100株
時価総額	6,812億円

□財務 （百万円）

総資産	507,847
自己資本	339,512
自己資本比率	66.9%
資本金	25,122

□業績 （百万円）

	売上高	営業利益	税引前利益	純利益	1株当たり利益(円)	1株当たり配当金(円)
2022年3月	431,575	24,300	32,980	18,505	167.9	75
2023年3月	468,084	26,399	30,733	26,884	245.5	80
2024年3月（予想）	500,000	28,800	32,500	23,000	212.6	80
2025年3月（予想）	520,000	31,500	35,500	25,000	231.1	80〜82

□配当 （1株当たり）

2022年3月	2022年9月	2023年3月	2023年9月	2024年3月（予想）
35円	40円	40円	40円	40円

・この企業の株式を2022年7月7日に1単元（1単位）購入し、2024年3月14日に売却した場合、所有期間に係る配当金（税引前）は、（ ア ）である。
・この企業の2025年3月期（予想）の税引前利益は2024年3月期（予想）の税引前利益と比べ、（ イ ）している。

1．（ア）12,000円　　（イ）増加
2．（ア）12,000円　　（イ）減少
3．（ア）16,000円　　（イ）増加
4．（ア）16,000円　　（イ）減少

答え

【問題56】 Aさんが投資を検討している下記〈資料〉の甲株式および乙株式の投資指標について、ファイナンシャル・プランナーが説明した以下の文章の空欄①〜④に入る最も適切な語句または数値を、下記の〈語句群〉のA〜Ｉのなかから選びなさい。

　下記〈資料〉から算出すると、甲株式の株価収益率（PER）は、（　①　）倍、乙株式の株価純資産倍率（PBR）は、（　②　）倍である。また、甲株式の配当性向は、（　③　）％である。

　株価収益率から判断して、一般に割安と考えられるのは、乙株式である。また、株価純資産倍率から判断して、一般に割安と考えられるのは、（　④　）株式である。

〈資料〉

	甲株式	乙株式
株価	1,000円	250円
時価総額	200億円	250億円
発行済株式数	2,000万株	1億株
純資産（＝自己資本）	50億円	500億円
当期純利益	10億円	50億円
1株当たり年配当金	20円	10円

─〈語句群〉─
A．甲　　　　　B．乙　　　　　C．0.5　　　　D．1　　　　E．5

F．10　　　　 G．20　　　　 H．40　　　　 I．80

答え　①　　　　　　②　　　　　　③　　　　　　④

15. 債券投資

| 出題傾向 | ●債券の利回り計算、債券の特徴、個人向け国債などに関する問題が出題されている。 |

●利付債の利回り計算のための3要素●

利付債の利回り計算は、次の3要素によって計算される
①表面利率（クーポンレート）：債券の額面金額に対して毎年支払われる利息の割合
②発行価格：債券が発行されるときの価格。額面100円に対しての価格で表示される
③償還年限（償還期限）・残存年限（残存期間）：債券が償還を迎えるまでの期間

●債券の利回り計算方法●

利付債の利回り計算は、下記のように投資期間（時期）によって異なるが、基本的には次のように考えて計算する

利回り（％）＝1年あたりの収益÷投資元本×100

$$応募者利回り（\%）＝\frac{表面利率＋\dfrac{額面（100円）－発行価格}{償還年限}}{発行価格}×100$$

$$最終利回り（\%）＝\frac{表面利率＋\dfrac{額面（100円）－買付価格}{残存年限}}{買付価格}×100$$

$$所有期間利回り（\%）＝\frac{表面利率＋\dfrac{売付価格－買付価格}{所有期間}}{買付価格}×100$$

$$直接利回り（\%）＝\frac{表面利率}{買付価格}×100$$

（注）償還年限、残存年限、所有期間は年単位に直して計算する。残存5年100日→$5\dfrac{100}{365}$年

●利付債の価格計算●

利付債の最終利回りの式を展開すると、債券価格を求めることができる

$$債券価格（単価）＝\frac{100＋表面利率（\%）×残存年限}{100＋最終利回り（\%）×残存年限}×100$$

●割引債の利回り計算方法●

①1年以内に償還される割引債の利回り（単利）

$$利回り（\%）＝\frac{額面（100円）－買付価格}{買付価格}×\frac{365}{未経過日数}×100$$

②期間1年超の割引債の利回り（複利）

$$複利利回り（\%）＝\left(\sqrt[残存年数]{\frac{額面（100円）}{買付価格}}－1\right)×100$$

●債券の特徴●

①債券の価格と利回りは逆の関係にあり、**価格の下落＝利回りの上昇、価格の上昇＝利回りの低下**である
②金利変動による**債券価格の変動幅は、表面利率（クーポンレート）の低い債券、残存期間の長い債券ほど大きい**
③一般的に信用度の低い債券ほど利回りが高く、信用度の高い債券ほど利回りが低い

●個人向け国債●

種類	変動10年	固定 5 年	固定 3 年
購入単位・発行頻度	額面 1 万円単位。額面100円につき100円で、毎月募集・翌月発行		
期間	**10年**	**5 年**	**3 年**
金利	**変動金利**（半年毎に適用金利見直し）	**固定金利**	**固定金利**
金利水準	<u>基準金利×0.66</u> 10年固定利付国債の実勢金利	<u>基準金利－0.05％</u> 期間 5 年の固定利付国債の想定利回り	<u>基準金利－0.03％</u> 期間 3 年の固定利付国債の想定利回り
最低金利保証	市場金利が下がった場合でも、0.05％の最低金利を保証		
据置期間	1 年（発行から 1 年経過すれば、原則としていつでも、購入金額の一部または全部を中途換金することができる）		
中途換金時の金額	額面金額＋経過利子相当額－中途換金調整額（直前 2 回分の各利子［税引前］相当額×0.79685）⇨　元本割れのリスクはない		

●債券格付●

債券の信用度を第三者が評価し、信用度の高いものからAAA（トリプルA）～C（シングルC）などの記号で表示されている。**BBB（トリプルB）以上が投資適格債。**BB（ダブルB）以下が、投機的債券で債務不履行（デフォルト）に陥るおそれが高め

●債券（国債や公募社債などの特定公社債）の税金●

利子	利子所得として**20％**（復興特別所得税を含むと20.315％）の申告分離課税（申告不要可）
譲渡損益 償還差損益	・譲渡（償還）益：上場株式等の譲渡所得と同様、**20％**（20.315％）の申告分離課税 ・譲渡（償還）損：特定公社債・上場株式等の利子・配当所得・譲渡（償還）益との損益通算や繰越控除が可能

※特定公社債は特定口座で投資できる

105

15. 債券投資

【問1】 次の条件の場合の<u>最終利回り</u>を求めなさい。（小数点以下
　　　　第3位を四捨五入）
①

> 残存期間6年6カ月、クーポンレート1.9％、買付価格106円80
銭の長期国債の最終利回り

【問2】 R株式会社の普通社債を額面100万円分新規発行で購入し、
　　　　償還まで保有した場合の<u>応募者利回り</u>を求めなさい。なお、
　　　　　　　　　　　　　　　　　　　　　①
　　　　計算結果については小数点以下第4位を切り捨てることと
　　　　する。
　　　　　ただし、利回り計算においては、単利の年率換算とし、手
　　　　数料や税金等は考慮しないものとする。

〈資料〉

> ［R株式会社普通社債の発行条件］
> 表面利率：年1.160％
> 発行日　：2024年6月10日
> 利払日　：毎年6月と12月の各10日
> 償還価格：額面100円につき100.00円
> 発行価格：額面100円につき99.70円
> 受渡日（付利開始日）：2024年6月11日
> 償還日　：2027年6月10日（期間3年）

正解

【問1】

$$\text{最終利回り} = \frac{1.9 + \dfrac{100 - 106.80}{6.5}}{106.80} \times 100 = 0.7994 ≒ \underline{0.80(\%)}$$

答え　　<u>0.80％</u>

【問2】

$$\text{応募者利回り（％）} = \frac{\text{表面利率} + \dfrac{\text{額面（100円）} - \text{発行価格}}{\text{償還年限}}}{\text{発行価格}} \times 100$$

$$= \frac{1.160 + \dfrac{100 - 99.70}{3}}{99.70} \times 100$$

$$≒ \underline{1.263(\%)}$$

答え　　<u>1.263％</u>

【問3】 債券の格付けに関する次の記述の空欄（ア）～（ウ）に入る適切な語句または記号を語群の中から選び、解答欄に記入しなさい。なお、同じ語句または記号を何度選んでもよいこととする。

〈一般的な格付けの例〉

AAA	元利金支払いの確実性は最高水準
AA	確実性はきわめて高い
A	確実性は高い
BBB①	現在十分な確実性があるが、将来環境が大きく変化した場合その影響を受ける可能性がある
BB②	将来の確実性は不安定
B	確実性に問題がある
CCC	債務不履行になる可能性がある
CC	債務不履行になる可能性はきわめて高い
C	債務不履行になる可能性がきわめて高く、当面立ち直る見込みがない
D	債務不履行に陥っている

債券の格付けとは、債券の（　ア　）リスクを判断するのに用いられるもので、一般的にAAAからCまたはDまでの記号で表される。このうち、（　イ　）以上の格付けの債券が投資に適格とされる。格付けは、格付会社が債券の発行機関の依頼に基づいて行うが、発行機関の依頼に基づかない（　ウ　）格付けもある。③

── 〈語群〉──
金利　流動性　信用　A　BBB　BB　任意　勝手　自由

①格付けのうち、BBB以上の債券は元利金支払いの確実性が高いので、一般に投資適格債という。

②格付けのうち、BB以下の債券は元利金支払いの確実性が劣るので、投機的債券という。

③通常は、債券の発行機関からの依頼に基づいて、格付け会社が一定の手数料を徴収した上で行うが、発行機関からの依頼に基づかないで、格付け会社が勝手に格付けを行う「勝手格付け」もある。

正解
（ア）信用
（イ）BBB
（ウ）勝手

チャレンジ問題
解答・解説は191ページ〜

【問題57】 債券の格付けに関する次の記述の空欄（ア）〜（ウ）に入る適切な語句を語群の中から選び、その番号のみを解答欄に記入しなさい。

〈参考：一般的な格付けの例〉

AAA	元利金支払いの確実性は最高水準
AA	確実性は極めて高い
A	確実性は高い
BBB	現在十分な確実性があるが、将来環境が大きく変化した場合その影響を受ける可能性がある
BB	将来の確実性は不安定
B	確実性に問題がある
CCC	債務不履行になる可能性がある
CC	債務不履行になる可能性は極めて高い
C	債務不履行になる可能性が極めて高く、当面立ち直る見込みがない
D	債務不履行に陥っている

・投資適格債の基準になっている格付けは、（　ア　）以上である。

・投機的債券は、通常、（　イ　）といわれている。

・債券の格付けは、債券の（　ウ　）の判断に用いられる。

― 〈語群〉
1．AA格　　　　2．A格　　　3．BBB格　　　4．ジャンク債
5．サムライ債　　6．劣後債　　7．流動性リスク　　8．信用リスク
9．為替リスク

答え	ア		イ		ウ	

【問題58】 個人向け国債の概要を示した下記〈資料〉の空欄（ア）〜（エ）に関する次の
記述のうち、正しいものはどれか。

〈資料〉

償還期限	10年	5年	3年
発行体	（　ア　）		
利払い	（　イ　）ごとに1回		
金利タイプ	変動金利	（　ウ　）金利	固定金利
金利設定方法	基準金利×0.66	基準金利－0.05%	基準金利－0.03%
金利の下限	（　エ　）%		
購入単位	1万円以上1万円単位		
中途換金	原則として発行後1年経過すれば可能 ただし、直前2回分の各利子（税引前）相当額×0.79685が差し引かれる		
発行月 （発行頻度）	毎月（年12回）		

1．空欄（ア）にあてはまる語句は、「日本銀行」である。
2．空欄（イ）にあてはまる語句は、「1年」である。
3．空欄（ウ）にあてはまる語句は、「固定」である。
4．空欄（エ）にあてはまる数値は、「0.01」である。

答え 　　　　　　

【問題59】 下記〈資料〉の債券を発行日から1年後に額面100万円分取得し、その後償還
期限まで保有した場合における最終利回り（単利・年率）を計算しなさい。なお、
手数料や税金等については考慮しないものとし、計算結果については小数点以下
第4位を切り捨てること。また、解答に当たっては、解答用紙に記載されている
単位に従うこと（解答用紙に記載されているマス目に数値を記入すること）。

〈資料〉

表面利率	：年1.0%
額面	：100万円
買付価格	：額面100円につき99.00円
発行価格	：額面100円につき100.00円
償還までの残存年数	：3年

答え 　　　　　　 %

16. 投資信託

| 出題傾向 | ●税金を中心に出題されている。
●NISAについては、2024年から抜本的に拡充・恒久化された新制度がスタートしており、出題される可能性が高い。 |

●公社債投資信託の税金● （復興特別所得税を考慮しない場合）

公社債投資信託の収益分配金、解約差益、償還差益は、税率**20%（所得税15%、住民税 5 %）**(注)の**申告分離課税**となる

●株式投資信託の税金● （復興特別所得税を考慮しない場合）

国内公募株式投資信託の収益分配金は配当所得、解約差益、売買差益、償還差益は譲渡所得となり、**税率20%（所得税15%、住民税 5 %）**(注)で課税される

収益分配金	・株式投資信託の収益分配金のうち、普通分配金は**配当所得**として、所得税・住民税が源泉徴収される ・**元本払戻金（特別分配金）**は元本の払戻しに相当する部分の分配のため、**非課税**の取扱いとなる 〈例〉個別元本10,500円、基準価額11,500円の株式投資信託について、分配金1,500円が支払われ、分配落ち後の基準価額が10,000円になった場合  ・普通分配金の手取額　：税金＝1,000円×20%＝200円 　　　　　　　　　　　　手取額＝1,000円－200円＝800円 ・元本払戻金（特別分配金）：500円（非課税） ・分配金手取額　　　　：800円＋500円＝1,300円
換金時・償還時の損益	・解約請求による損益、買取請求による損益、償還時の損益は、譲渡所得として、税率20%（所得税15%、住民税 5 %）(注)の申告分離課税となる。 ・上場株式等や特定公社債等の損益と通算ができる。 ・控除しきれなかった損失については、確定申告することにより、翌年以降最長 3 年間の繰越控除が認められている。 ・換金時・償還時の譲渡所得の計算にあたっては、購入時の手数料が取得価額に含まれる。

(注)復興特別所得税を含むと**20.315%（所得税15.315%、住民税 5 %）**となる

●2024年からの新NISA制度（少額投資非課税制度）●

	成長投資枠	つみたて投資枠
利用できる人	18歳以上の成人	
口座開設期間 （新規で投資できる期間）	いつでも可能（恒久化）	
非課税対象	上場株式(整理・監理銘柄は除外)・公募株式投資信託等（信託期間20年未満・毎月分配型・高レバレッジ型は除外）	積立・分散投資に適した一定の公募株式投資信託とETFで、金融庁に届出されているものに限る
投資手法	制約なし （一括投資・積立投資いずれも可能）	積立投資に限定
非課税投資枠	年間240万円	年間120万円
	※成長投資枠とつみたて投資枠の**併用が可能**（併用した場合、年間360万円まで投資が可能	
非課税保有限度額 （生涯投資枠）	1,800万円　※簿価残高方式で管理（非課税枠の再利用が可能）	
	1,200万円（内枠）	
非課税期間	無期限	
2023年までの 制度との関係	2023年までに一般NISA・つみたてNISAで投資した商品は、新NISAの外枠で（別枠で管理）、投資時点の非課税措置を適用（新NISAへのロールオーバーは不可）	

●新NISA制度の留意点●

①年間1人1口座

１人につき年間（暦年）で１つの金融機関で１つのNISA口座だけを開設できる。年が変われば、所定の手続きの下で、NISA口座を開設する金融機関は変更できる。ただし、その年（暦年）の非課税枠が未使用であること、という条件がある。

②非課税枠の再利用

新NISAの非課税枠は簿価残高方式で管理され、保有商品を売却すると、簿価残高が減少するため、非課税枠の再利用が可能になる。ただし、売却と同時に非課税枠が復活するわけではなく、翌年に復活する。

③損失は税務上ないものとみなされる

NISA口座内における譲渡損失は、所得税および住民税の計算上ないものとされるため、課税口座で受け取った分配金や配当金、譲渡益と損益を通算することはできない。損失の繰越控除もできない。

④上場株式の配当金は、NISA口座を開設する証券会社経由で交付されないものは非課税とならない

上場株式、上場投資信託（ETF）、上場不動産投資信託（J-REIT）等の配当金・分配金については、証券会社の取引口座で配当金等を受け取る**株式数比例配分方式**を選択していないと非課税扱いは受けられず、課税扱いとなる（この場合でも、譲渡益は非課税扱い）。

16. 投資信託

【問1】 追加型株式投資信託であるMAファンドの2024年4月の決算時における収益分配金等は、下記〈資料〉のとおりである。下記〈資料〉に基づき、MAファンドに関する次の（ア）〜（エ）の記述について、正しいものには○、誤っているものには×を解答欄に記入しなさい。なお、〈資料〉の辻さんと霜田さんは、これまでに収益分配金を受け取っていないものとする。

〈資料〉

［MAファンドの2024年4月の決算時における収益分配金等］

・収益分配前の基準価額　：11,000円

・収益分配金　　　　　　：　1,000円

・収益分配後の基準価額　：10,000円

［辻さんと霜田さんの個別元本］

・辻さんの個別元本　　　：　9,800円

・霜田さんの個別元本　　：10,550円

（ア）辻さんが受け取った収益分配金は、全額が普通分配金である。
　　　　　　　　　　　　　　　　　　　　　　　　　　　①

（イ）霜田さんが受け取った収益分配金のうち、「収益分配前の基準価額 − 個別元本」に相当する金額を元本払戻金という。
　　　　　　　　　　　　　　　　　　　　②

（ウ）収益分配後の辻さんの個別元本は、10,000円となる。
　　　　　　③

（エ）今回の収益分配金における霜田さんの課税対象額は、450円である。
　　　　　　　　　　　　　　　　　④

正解	
（ア）	○
（イ）	×
（ウ）	×
（エ）	○

【問2】 NISAに関する次の記述の空欄（ア）、（イ）にあてはまる語句の組み合わせとして、正しいものはどれか。

> ・毎月分配型の株式投資信託①は、成長投資枠でも、つみたて投資枠でも（　ア　）。
>
> ・成長投資枠の非課税投資枠は、年間240万円まで②、かつ非課税保有限度額1,800万円のうち（　イ　）までである。

1．（ア）購入できる　　　（イ）1,200万円
2．（ア）購入できる　　　（イ）1,800万円
3．（ア）購入できない　　（イ）1,200万円
4．（ア）購入できない　　（イ）1,800万円

【問3】 鉄平さんは、公募投資信託やETF（上場投資信託）、J-REIT（不動産投資信託）の購入を検討しており、NISAの成長投資枠についてFPの川岸さんに質問をした。川岸さんが金融商品等について説明する際に使用した下表の空欄（ア）～（ウ）にあてはまる語句の組み合わせとして、最も適切なものはどれか。

	公社債投資信託	株式投資信託	ETF	J-REIT
成長投資枠の非課税の対象	対象にならない	対象になる	対象になる	（　ア　）①
上場・非上場	非上場	（　イ　）②	証券取引所に上場	証券取引所に上場
指値注文	できない	できない	（　ウ　）③	できる

1．（ア）対象にならない　（イ）証券取引所に上場
　　（ウ）できる
2．（ア）対象にならない　（イ）非上場
　　（ウ）できない
3．（ア）対象になる　　　（イ）証券取引所に上場
　　（ウ）できない
4．（ア）対象になる　　　（イ）非上場
　　（ウ）できる

16. 投資信託

チャレンジ問題 解答・解説は192ページ

【問題60】 小田さんは、課税口座で保有しているMZ投資信託の収益分配金を2024年4月に受け取った。MZ投資信託の状況が下記〈資料〉のとおりである場合、次の記述の空欄（ア）～（ウ）にあてはまる語句または数値の組合せとして、正しいものはどれか。なお、小田さんはこれまでに収益分配金を受け取ったことはない。

〈資料〉

[小田さんが保有するMZ投資信託の収益分配金受取時の状況]
　・収益分配前の個別元本：10,300円
　・収益分配前の基準価額：10,550円
　・収益分配金　　　　　：　　400円
　・収益分配後の基準価額：10,150円

小田さんが受け取った収益分配金のうち、収益分配前の基準価額から収益分配前の個別元本を差し引いた部分を（　ア　）といい、所得税および住民税が課税される。一方、小田さんが受け取った収益分配金のうち、（　ア　）を除く部分を（　イ　）といい、非課税となる。小田さんには（　イ　）が支払われたため、収益分配後の小田さんの個別元本は、（　ウ　）円となる。

1．（ア）元本払戻金（特別分配金）　　（イ）普通分配金　　（ウ）10,150
2．（ア）元本払戻金（特別分配金）　　（イ）普通分配金　　（ウ）10,050
3．（ア）普通分配金　　（イ）元本払戻金（特別分配金）　　（ウ）10,150
4．（ア）普通分配金　　（イ）元本払戻金（特別分配金）　　（ウ）10,050

答え

【問題61】 下記〈資料〉は、大場さんが保有する投資信託の残高報告書である。下記〈資料〉に関する次の記述の空欄（ア）、（イ）にあてはまる数値の組合せとして、正しいものはどれか。なお、計算に当たっては、投資信託の解約手数料や税金は考慮しないこととし、解答に当たっては、小数点以下第1位を切り捨てること。

〈資料〉

残 高 報 告 書

大場 敦 様
（口座番号 ×××-×××××××）

（2023年12月29日現在）

種別	銘柄	基準価額 （円・1万口当たり）	数量（口数）	評価額（円）
国内公募株式 投資信託	ＳＡ日本株式ファンド	9,680	2,689,432	（Ⅰ）
		（以下、省略）		

・〈資料〉の（Ⅰ）にあてはまる数値は、（ ア ）である。

・大場さんは、〈資料〉の投資信託の一部を解約したいと考えており、100万円に最も近くなる解約口数を計算した。2024年1月15日の基準価額である9,840円（1万口当たり）を用いて概算の解約口数を計算したところ、（ イ ）口となった。

1．（ア）2,603,370 （イ）1,016,260

2．（ア）2,603,370 （イ） 984,000

3．（ア）2,778,338 （イ）1,016,260

4．（ア）2,778,338 （イ） 984,000

答え _____

17. 外貨預金

出題傾向	●外貨預金に関しては計算問題を中心に出題されている。

●TTSとTTB●

TTS	TTS（Telegraphic Transfer Selling Rate：対顧客電信売相場）とは、顧客が円を外国通貨に換える場合のレート。銀行側から見ると、外国通貨を顧客に売ったことになるので、"売相場" と呼ばれる
TTB	TTB（Telegraphic Transfer Buying Rate：対顧客電信買相場）とは、顧客が外国通貨を円に換える場合のレート。銀行側から見ると、外国通貨を顧客から買ったことになるので、"買相場" と呼ばれる

●外貨預金（外貨建て定期預金）●

概要	・ドル、ユーロなどの外貨建ての定期預金。利息も外貨でつく ・為替リスクがある。**円安になれば為替差益**、**円高になれば為替差損**が生じる
期間・金利	定期預金(1ヵ月、3ヵ月、6ヵ月、1年など短期間が一般的)は固定金利
中途解約	原則として、中途解約はできない
税金	利息	20％（20.315％）源泉分離課税。マル優は利用できない
	為替差益	**雑所得**（先物予約をつけている場合は20％（20.315％）源泉分離課税）

●外貨預金の計算●

〈例〉米ドル建て外貨定期預金(1年もの)・預入金額：1万ドル・適用金利＝3.0％（税引き前）
　　　※元本部分の為替差益に対する税金（雑所得）、復興特別所得税は考慮しない

	TTS	TTB
預入時	141円	139円
満期時	145円	143円

預入金額　　　：141円（預入時TTS）×10,000ドル＝1,410,000円
利息　　　　　：10,000ドル×3.0％＝300ドル
税金　　　　　：300ドル×20％＝60ドル
利息手取額　　：300ドル－60ドル＝240ドル
満期時合計　　：10,000ドル＋240ドル＝10,240ドル
受取り円換算額：10,240ドル×143円（満期時TTB）＝1,464,320円

●外貨建てMMF●

概要	投資信託会社によって外貨で運用される公社債投資信託
期間	自由
申込単位	ファンドによって異なる（申込手数料はかからない）
換金	購入日の翌日以降**いつでも**換金**できる**（換金手数料はかからない）
税金	分配金や売却益（為替差益）は**20％**（20.315％）の申告分離課税

【問　題】　幸一さんは、１年ほど前に米ドル建て外貨定期預金を行ったが、このほどその外貨預金が満期を迎えた。そこで、この外貨預金の円ベースの税引後実質利回りを下記の算式に基づいて計算した。この計算式の空欄（ア）〜（ウ）に入る適切な数値を語群の中から選び、その番号を解答欄に記入しなさい。なお、同じ数値を何度選んでも良いこととする。また、この米ドル建て外貨定期預金の明細は下記のとおりである。計算にあたり、為替差益・為替差損に対する税金および復興特別所得税については考慮しないこととし、計算式中の（Y）および（Z）については解答不要である。

〈外貨預金の条件〉

預入金額：10,000米ドル

預入期間：１年

利　　　率：2.00％（年）①

為替レート（１米ドル）

	預入時	満期時
TTS②	140.00円	126.00円
TTB③	138.00円	124.00円

〈計算式〉

・元本（円貨）＝10,000米ドル×（ア）円＝（Y）円

・税引後元利受取金額（円貨）＝（イ）米ドル×（ウ）円＝（Z）円④

・利回り（％）＝ $\dfrac{(Z)円 - (Y)円}{(Y)円} \div 1年 \times 100$ ⑤

┌─〈語群〉──────────────
１．124.00　　２．125.00　　３．126.00　　４．138.00

５．139.00　　６．140.00　　７．10,000　　８．10,160

９．10,200

①預入期間は設問の場合、１年間となっているが、必ずしも１年間とは限らない。１ヵ月や３ヵ月の場合もあり、その場合、利率は年表示となっているので、該当する月数で利息を計算しなおす必要がある。

②円貨から米ドルへ交換する場合、預入時の「TTS」で計算する。

③満期時に米ドルから円貨へ交換する場合、満期時の「TTB」で計算する。

④利息に対しては、所得税15％、住民税５％の合計20％が源泉徴収される。

⑤利回りを求める場合、「（満期時の税引き後受取金額－当初の預入金額）÷当初の預入金額」で計算することができる。

正解	
（ア）	6
（イ）	8
（ウ）	1

チャレンジ問題 解答・解説は192ページ

【問題62】 倫子さんは、リスクはあるものの少しでも有利に金融資産を運用したいと思い、今年、満期を迎える定額貯金のうち30万円を外貨定期預金に預けようと考えている。そこで、外貨定期預金について、FPの水島さんに相談をした。次の水島さんの説明のうち、最も適切なものはどれか。

1. 「日本国内に本店のある普通銀行に預入れした外貨定期預金は、国内の預金保険の対象となりますので、万一、預入先の銀行が破綻した場合でも元本1,000万円までとその利息等が保護されます」

2. 「外貨定期預金は、預入時や払出時において円と外貨を交換する際、為替手数料がかかりますが、この為替手数料はどの金融機関でも同一額に決められています」

3. 「外貨定期預金に先物予約を付けない場合、円を外貨に換える預入時の為替相場に比べ、外貨を円に換える払出時の為替相場が円安になっていると、為替差益を得られる可能性があります」

4. 「外貨定期預金に先物予約を付けない場合、利息および元金部分の為替差益ともに20％（復興特別所得税を考慮すると20.315％）源泉分離課税扱いとなります」

答え ☐

【問題63】 Aさんが、下記資料の外貨預金〈Aさんの保有する外貨預金〉を1年後の満期時に払い戻した場合における、税引き後の円ベースでの実質利回りを求めなさい。なお、復興特別所得税は考慮しないこととし、答は％表示の小数点以下第3位を四捨五入すること。

〈資料〉

〈Aさんの保有する外貨預金〉
・米ドル建て預金（為替先物予約を付けていない）
・預入時の取引レート（TTS）：1ドル＝140円
・満期時の取引レート（TTB）：1ドル＝150円
・金利：4.0％
・預入期間：1年
・預入金額：1万ドル
※上記以外の条件は考慮しないこと。復興特別所得税も考慮しない。

答え ☐ ％

【問題64】 竜一さんは、外国為替レート等に関してFPの細田さんに質問をした。細田さんが説明した次の記述の空欄（ア）〜（ウ）に入る適切な数値を語群の中から選び、その番号のみを解答欄に記入しなさい。なお、同じ数値を何度選んでもよいこととする。また、下記〈資料〉は、国内のZZ銀行の「本日の外国為替相場一覧表」からの抜粋である。

〈資料：米ドルの相場表〉（単位：円）

TTS	CASHSelling	TTB	CASHBuying
143.70	145.50	141.70	139.70

「もし、竜一さんが今日、二女の美幸さんに米ドルの電信送金を行うとすると、この外国為替相場表によれば、1米ドルにつき（　ア　）円のレートが適用されることになります。また、銀行の外貨預金キャンペーンなどで、"為替手数料50銭優遇"といった広告をよく見かけますが、これは、銀行が為替手数料を割り引いてくれるということを意味します。仮に米ドルの為替手数料が50銭優遇で、今日、米ドル建て外貨預金を行うとすると、適用レートは（　イ　）円となります。なお、今日のTTM（仲値）は（　ウ　）円です」

〈語群〉
1．139.70　2．141.20　3．141.70　4．142.70　5．143.20
6．143.70　7．144.20　8．145.00　9．145.50

答え｜ア　　　　　｜イ　　　　　｜ウ　　　　　｜

【問題65】 下記の外貨定期預金に、10,000米ドルを預け入れた。1ヵ月後（満期時）に円に戻したときの、税引後の受取額はいくらになるか。なお、利息に対する税金を考慮し（復興特別所得税は除く）、計算過程では小数点以下を四捨五入することとし、受取額は円未満を四捨五入すること。ただし、利息は日割りではなく、月単位で計算すること。

〈米ドル建て外貨定期預金〉
　キャンペーン金利：年利率12％（預入期間：1ヵ月）

　為替レート（1米ドル当たり）
　　預入時　TTS：147円　TTB：145円
　　満期時　TTS：150円　TTB：148円

答え　　　　　　　円

18. 所得税の計算

出題傾向	●各種所得では給与所得、公的年金の雑所得、退職所得、所得控除では医療費控除、配偶者控除、扶養控除などが出題される。 ●所得税の計算は流れに沿って最後までできるようにしておく。

●所得税の計算の流れ●
（1）各種所得の計算→各種の所得ごとに「所得金額」を計算する

・基本式：所得金額＝収入金額－必要経費
・給与所得や公的年金（雑所得）の場合には、給与所得控除や公的年金等控除がみなし必要経費となる。（速算表は問題文の中に掲載されるので、使い方を覚えておく）

〈覚えておきたいポイント〉

・給与所得の場合
　給与所得＝給与収入－**給与所得控除**
　　　↓
　　〔給与所得控除額の速算表〕

給与収入金額	給与所得控除額
～　　162.5万円以下	55万円
162.5万円超～　180　万円以下	収入金額×40％－10万円
180　万円超～　360　万円以下	収入金額×30％＋8万円
360　万円超～　660　万円以下	収入金額×20％＋44万円
660　万円超～　850　万円以下	収入金額×10％＋110万円
850　万円超～	195万円（上限）

・公的年金（老齢年金の場合）は雑所得となる
　雑所得（公的老齢年金）＝年金収入－**公的年金等控除額**
　　　↓
　　〔公的年金等控除額の速算表〕

65歳未満

公的年金等収入	公的年金等以外の合計所得金額		
	1,000万円以下	1,000万円超 2,000万円以下	2,000万円超
130万円以下	60万円	50万円	40万円
130万円超 410万円以下	年金収入×25％ ＋27.5万円	年金収入×25％ ＋17.5万円	年金収入×25％ ＋7.5万円
410万円超 770万円以下	年金収入×15％ ＋68.5万円	年金収入×15％ ＋58.5万円	年金収入×15％ ＋48.5万円
770万円超 1,000万円以下	年金収入×5％ ＋145.5万円	年金収入×5％ ＋135.5万円	年金収入×5％ ＋125.5万円
1,000万円超	195.5万円	185.5万円	175.5万円

65歳以上

公的年金等収入	公的年金等以外の合計所得金額		
	1,000万円以下	1,000万円超 2,000万円以下	2,000万円超
330万円以下	110万円	100万円	90万円
330万円超 410万円以下	年金収入×25％ ＋27.5万円	年金収入×25％ ＋17.5万円	年金収入×25％ ＋7.5万円
410万円超 770万円以下	年金収入×15％ ＋68.5万円	年金収入×15％ ＋58.5万円	年金収入×15％ ＋48.5万円
770万円超 1,000万円以下	年金収入×5％ ＋145.5万円	年金収入×5％ ＋135.5万円	年金収入×5％ ＋125.5万円
1,000万円超	195.5万円	185.5万円	175.5万円

（注）公的年金等控除額は65歳未満と65歳以上では計算方法が異なるので、問題が出た場合には、該当者が何歳であるのかを確認した上で計算する

・満期保険金（保険料負担者と受取人が同じ場合）は一時所得となる
　一時所得＝保険金受取額（満期保険金）－払込保険料－**特別控除（50万円）**

【問1】 次の①～③の場合、給与所得の金額がそれぞれいくらになるか計算しなさい。

① 給与収入：<u>500万円</u>
　　　　　　　①

② 給与収入：<u>800万円</u>
　　　　　　　②

③ 給与収入：<u>1,100万円</u>
　　　　　　　③

①～③給与所得控除額の速算表（左ページ）の収入の区分に応じて給与所得控除額を算出し、収入金額から差し引く。

【問2】 公的年金以外の合計所得金額が1,000万円以下で、公的年金の収入が次の①～③の場合、雑所得の金額がいくらになるか計算しなさい。

① 公的年金の収入：<u>200万円</u>（年齢63歳）
　　　　　　　　　　①

② 公的年金の収入：<u>250万円</u>（年齢66歳）
　　　　　　　　　　②

③ 公的年金の収入：<u>350万円</u>（年齢70歳）
　　　　　　　　　　③

①～③公的年金等控除額の速算表（左ページ）の年齢と収入の区分に応じて公的年金等控除額を算出し、収入金額から差し引く。

【問3】 次の①～②の場合、一時所得の金額がいくらになるか計算しなさい。なお、保険料負担者と受取人が同じとする。

① 満期保険金500万円（払込保険料300万円）

② <u>1年間にＡ生命保険から300万円（払込保険料200万円）、Ｂ生命保険から200万円（払込保険料150万円）を受け取った</u>
　　　　　　　　　　　　　　　　　　　　　　　　　　①

①一時所得の特別控除は1年間で最高50万円。

正解

【問1】
①500万円 －（500万円×20％＋44万円）＝<u>356万円</u>
②800万円 －（800万円×10％＋110万円）＝<u>610万円</u>
③1,100万円 －（195万円）＝<u>905万円</u>

①答え　　　356万円
②答え　　　610万円
③答え　　　905万円

【問2】
①200万円 －（200万円×25％＋27.5万円）＝<u>122.5万円</u>
②250万円 －110万円＝<u>140万円</u>
③350万円 －（350万円×25％＋27.5万円）＝<u>235万円</u>

①答え　　122.5万円
②答え　　　140万円
③答え　　　235万円

【問3】
①500万円 －300万円 －50万円＝<u>150万円</u>
②（300万円＋200万円）－（200万円＋150万円）－50万円＝<u>100万円</u>

①答え　　　150万円
②答え　　　100万円

（2）所得金額の総合→総合課税となる所得金額を合計して「総所得金額」を算出する

┌─〈覚えておきたいポイント①〉─────────────────────────
・一時所得については、2分の1に相当する金額が他の所得と合計される
└──────────────────────────────────────

┌─〈覚えておきたいポイント②〉─────────────────────────
・**損益通算**：不動産所得・事業所得・山林所得・譲渡所得の4つの所得に赤字が生じた場合、他の黒字の所得から赤字部分の金額を差し引くことができる
・ただし、不動産所得のうち土地を取得するために要した負債の利子、株式の譲渡による損失、一定の居住用財産を除く別荘などの不動産の譲渡による損失、ゴルフ会員権の譲渡による損失などは、損益通算の対象とならない
└──────────────────────────────────────

（3）所得控除の計算→基礎控除、配偶者控除など15種類の「所得控除」を計算する

〈覚えておきたいポイント〉

社会保険料控除	支払った保険料全額が控除額
医療費控除	通常、「**医療費－保険金等で補てんされた金額－10万円**」が控除額 ＊2017年（平成29年）から医療費控除の特例として、**セルフメディケーション税制**が新設された。 一定のスイッチOTC医薬品（医療用から一般用に転用された医薬品）を購入した場合で、実質負担金額が**1万2,000円**を超えたときは、その超えた金額（**8万8,000円**が上限）が所得控除額となる。通常の医療費控除額との**重複適用不可**。
生命保険料控除	一般生命保険料控除、個人年金保険料控除、介護医療保険料控除をそれぞれ年間8万円以上を支払った場合、控除額はそれぞれ**4万円**、合計限度額**12万円**（2012年1月1日以後に締結された契約）。

配偶者控除は、**納税者本人の合計所得金額**（以下、所得）が1,000万円以下で、**配偶者の所得が48万円以下**の場合に適用を受けられる。

納税者の所得	控除額
900万円以下	**38万円**（48万円）
950万円以下	26万円（32万円）
1,000万円以下	13万円（16万円）

（　）内は老人控除対象配偶者（70歳以上）

配偶者特別控除は、**納税者本人の合計所得金額**（以下、所得）が1,000万円以下で、**配偶者の所得が48万円超133万円以下**の場合に適用を受けられる。

納税者の所得	控除額
900万円以下	3万円～38万円
950万円以下	2万円～26万円
1,000万円以下	1万円～13万円

控除額は、納税者の所得と配偶者の所得に応じて決まる

扶養控除	・一般の扶養親族（**16歳以上**19歳未満、23歳以上70歳未満）…**38万円** ・**特定扶養親族（19歳以上23歳未満）…63万円** ・老人扶養親族（70歳以上）…48万円、同居老親等は58万円 ＊16歳未満の年少扶養親族は、扶養控除はなし。 ＊合計所得金額要件は48万円以下。
地震保険料控除	地震保険料に係わる掛金の全額を所得控除する（最高**5万円**）
基礎控除	合計所得金額2,400万円以下の場合**48万円**、2,450万円以下**32万円**、2,500万円以下**16万円**、2,500万円超は**0円**（2020年分の所得税より適用）。

（4）課税総所得金額の計算→総所得金額から所得控除を差し引く

【問4】 次の設例に基づき、①〜③の金額を計算しなさい。

〈Aさんに関するデータ〉

1．2024年の収入の状況

・給与収入：800万円

・生命保険の満期保険金：500万円（保険期間10年、保険料
　①
はすべてAさんが負担し、払込保険料総額は300万円）

・原稿料・講演料として60万円の収入があった（必要経費20
　②
万円）

・株式を譲渡して50万円の損失が生じた
　③

2．家族状況その他

・妻（専業主婦・収入なし）
　④

・子2人（19歳と15歳・収入なし）
　　　⑤　　　⑥

・社会保険料の年間支払額：89万円
　⑦

・一般の生命保険の年間支払保険料（2012年1月1日以後に
　⑧
加入）：12万円

・医療費（病気で入院等）の支出額：5万円
　⑨

①Aさんの総所得金額はいくらになるか。

②Aさんの所得税を計算する上で、所得控除の合計はいくらになる
か。

③Aさんの課税総所得金額はいくらになるか。

① 一時所得となり、一時所得の1／2が他の所得と総合される。

② 雑所得となり、「収入金額－必要経費」が所得金額となる。なお、この所得金額が20万円以下のときは確定申告不要。

③ 株式の譲渡損は損益通算の対象外。他の所得の黒字と差し引きできない。

④ Aさんの合計所得が900万円以下で、妻の収入はなしなので、配偶者控除38万円の適用を受けられる。なお、配偶者特別控除の適用はない。

⑤ 特定扶養親族となり、控除額は63万円。

⑥ 年少扶養親族（16歳未満）は扶養控除なし。

⑦ 全額が控除額。

⑧ 支払保険料8万円以上なので控除額4万円。（2012年1月1日以後に加入したもの）

⑨ 医療費10万円以下なので控除なし。

正解

①・給与所得：610万円（問1の②参照）

　・一時所得：150万円（問3の①参照）

　・雑所得：60万円－20万円＝40万円

　∴総所得金額＝610万円＋150万円×1／2＋40万円＝725万円 　　①答え　　725万円

②社会保険料控除89万円＋生命保険料控除4万円＋配偶者控除38万円＋扶養控除（特定扶養親族）63万

　円＋基礎控除48万円＝242万円

　　　　　　　　　　　　　　　　　　　　　　　　　　　　　　　②答え　　242万円

③725万円－242万円＝483万円 　　　　　　　　　　　　　　　　③答え　　483万円

（5） 算出税額の計算→課税総所得金額に税率をかける

算出税額＝課税総所得金額×**税率－控除額**

〔所得税の税額速算表〕

課税総所得金額（A）	税率（B）	控除額（C）
195万円以下	5％	―
195万円超　330万円以下	10％	97,500円
330万円超　695万円以下	20％	427,500円
695万円超　900万円以下	23％	636,000円
900万円超　1,800万円以下	33％	1,536,000円
1,800万円超　4,000万円以下	40％	2,796,000円
4,000万円超	45％	4,796,000円

※速算表による税額の計算：
　税額＝（A）×（B）－（C）

2013年から2037年までの25年間は基準所得税額の2.1％の復興特別所得税が加わる。

(注)所得税の速算表は、問題の中に掲載される。

（6） 税額控除を差し引く→住宅借入金等特別控除などの税額控除を算出税額から差し引く

算出税額－税額控除＝差引所得税額

〈覚えておきたいポイント〉

〈住宅借入金等特別控除〉

控除額＝年末借入金残高×**控除率0.7%**　　控除期間、借入金残高の限度額は下記のとおり。

住宅の区分		2022年・2023年の入居		2024年・2025年の入居	
		控除期間	残高限度額	控除期間	残高限度額
新築 買取再販	認定住宅	**13年**	5,000万円	**13年**	4,500万円※2
	ZEH水準省エネ	**13年**	4,500万円	**13年**	3,500万円※2
	省エネ基準	**13年**	4,000万円	**13年**	3,000万円※2
	一般	**13年**	3,000万円	10年	0円※3
中古住宅	認定住宅等※1	10年	3,000万円	10年	3,000万円
	一般	10年	2,000万円	10年	2,000万円

※1　「認定住宅等」は、認定長期優良住宅・認定低炭素住宅、ZEH水準省エネ住宅、省エネ基準適合住宅のことを指す。

※2　18歳以下の扶養親族を有する者、または自身もしくは配偶者が39歳以下の者が2024年に入居する場合は、新築・買取再販の借入限度額は下記のとおり引き上げられる。

認定住宅	ZEH水準省エネ住宅	省エネ基準適合住宅
5,000万円	4,500万円	4,000万円

※3　2024年以降、省エネ基準を満たしていない住宅は控除の適用なし。ただし、2023年までに建築確認を受けているか、登記簿上の建築日が2024年6月30日以前の場合は適用される（限度額2,000万円、控除期間10年）。

(注1) 控除額が年間の所得税額を超える場合、控除しきれなかった分は翌年度の個人住民税から課税総所得金額の5％（最高9万7,500円）まで控除を受けられる。

(注2) 控除を受けるには床面積50㎡以上が要件となるが、2024年12月31日までに建築確認が取れれば、合計所得金額が1,000万円以下の者であれば、40㎡以上50㎡未満のものも対象。

〈配当控除〉

控除額	配当所得の**10%**（ただし、課税総所得金額等が1,000万円を超える場合には、その超える部分は5％）

（7） 申告納税額→給与やその他の収入から源泉徴収された税額を差し引く

差引所得税額－源泉徴収税額＝申告納税額

(注) 源泉徴収税額を差し引いて申告納税額がマイナスになる場合には、所得税の還付が受けられる。

【問 5】 【問 4】の A さんは、2024年 4 月に下記の住宅を契約・購入し居住した。これに基づき、①～②の金額を計算しなさい。なお、復興特別所得税は考慮しない。

> ・契約・購入した住宅：床面積50㎡以上で、かつ省エネ基準を満たしている
>
> ・住宅の取得価額：3,500万円
>
> ・調達資金：自己資金　　　1,000万円
>
> 　　　　　　銀行借入金　2,500万円
>
> ・借入金の<u>年末残高は2,400万円</u>とし、住宅借入金等特別控除の適用を受けるものとする。

①A さんの所得税の算出税額はいくらになりますか。

②税額控除後の差引所得税額はいくらになりますか。

チェックポイント

　2024年から、一定の省エネ基準を満たしていない住宅は、住宅借入金等特別控除の対象とならないことになった（2023年までに建築確認を受けているか、登記簿上の建築日が2024年 6 月30日以前の場合に限り、2,000万円を限度額として適用）。しかし、設問では、A さんが契約・購入した住宅は省エネ基準を満たしているとあるので、この点で、控除の対象から外れることはない。

　また、A さんの銀行借入金は2,500万円とあるが、住宅借入金等特別控除の対象となるのは年末の借入金残高である。よって、2,500万円ではなく、2,400万円の0.7％が控除額となる。

正解

① 　483万円　　　　　×20％ － 42.75万円 ＝ <u>53.85万円</u>
　　（課税総所得金額）（税率）（控除額）

　　　　　　　　　　　　　　　　　　　　　　　　　　　①答え　　53.85万円

② 　住宅借入金等特別控除 ＝ 2,400万円 × 0.7％ ＝ 16.8万円

　　53.85万円 　 － 16.8万円 ＝ <u>37.05万円</u>

　　（算出税額）　（税額控除）

　　　　　　　　　　　　　　　　　　　　　　　　　　　②答え　　37.05万円

＊給与等から源泉徴収された税額が②の所得税の税額より多い場合、確定申告することにより、その差額が還付される。

18. 所得税の計算

【問6】 健一さんは、確定申告で医療費控除の申告をしたことがないので、FPで税理士の田中さんに相談をした。2024年に窓口で支払った医療費等が、下記の〈資料1〉のとおりであった場合、〈資料2〉の所得税の確定申告書の医療費控除①の欄（ア）に記入する金額として、正しいものはどれか。なお、健一さんの2024年の合計所得金額は200万円超である。

〈資料1：医療費等〉

治療内容	医療を受けた人	病院などの名称	窓口で支払った金額	備考
盲腸で入院②	一樹さん（長男）	若葉台総合病院	237,000円	窓口で支払った金額のうち、高額療養費として、16万円が払い戻された。③
		斉藤医師	10,000円	医師への謝礼④
風邪やケガなど⑤	家族全員	青山診療所	50,000円	
マッサージ	健一さん	爽快指圧センター	50,000円	治療ではなく疲れを癒す目的⑥

〈資料2：2024年分の所得税の確定申告書A〉（抜粋）

所得から差し引かれる金額	社会保険料控除	⑥	
	小規模企業共済等掛金控除	⑦	
	生命保険料控除	⑧	
	地震保険料控除	⑨	
	寡婦、ひとり親控除	⑩	0000
	勤労学生、障害者控除	⑪	0000
	配偶者控除	⑫	0000
	配偶者特別控除	⑬	0000
	扶養控除	⑭	0000
	基礎控除	⑮	0000
	⑥から⑮までの計	⑯	
	雑損控除	⑰	
	医療費控除	⑱	（ア）
	寄附金控除	⑲	
	合計（⑯＋⑰＋⑱＋⑲）	⑳	

1．27,000円

2．77,000円

3．127,000円

4．187,000円

①医療費控除＝実際に支払った医療費の合計額－保険金などで補てんされる金額－10万円（その年の合計所得金額が200万円未満の者はその金額の5％）

②盲腸での入院→医療費控除の対象になる：237,000円 －160,000円（高額療養費）＝77,000円。

③高額療養費は、保険金などで補てんされる金額に含まれる。

④医師への謝礼→医療費控除の対象外。

⑤家族全員の風邪やケガ→医療費控除の対象になる：50,000円。

⑥疲れを癒す目的のマッサージ→医療費控除の対象外。

【問7】 会社員の田中三郎さん（35歳、独身）は、2024年の<u>給与収入が500万円</u>であった。また、三郎さんはワンルームマン①ションを2部屋所有しており、<u>その年間家賃収入が240万円、家賃収入にかかる必要経費が130万円あり、青色申告特別控除（10万円）の適用を受けていた</u>。三郎さんの2024②年の<u>総所得金額</u>はいくらか。なお、上記以外に他の所得は③なく、また、解答に当たっては、解答用紙に記載されている単位に従うこととする。

〈給与所得控除額の速算表〉

給与の収入金額		給与所得控除額
	162.5万円以下	55万円
162.5万円超	180万円以下	収入金額×40％－　10万円
180万円超	360万円以下	収入金額×30％＋　8万円
360万円超	660万円以下	収入金額×20％＋　44万円
660万円超	850万円以下	収入金額×10％＋110万円
850万円超		195万円

①給与収入－給与所得控除額＝給与所得
給与所得控除額は速算表から求めることができる。
500万円×20％＋44万円
＝144万円
500万円－144万円＝356万円

②田中三郎さんの不動産所得＝240万円（年間家賃収入）－130万円（必要経費）－10万円（青色申告特別控除）＝100万円

③この場合の総所得金額は、給与所得と不動産所得の合計額である。

正解

【問6】 答え　　1

（77,000円＋50,000円）－100,000円＝27,000円

【問7】 答え　　456万円

・給与所得の金額

　500万円－（500万円×20％＋44万円）＝356万円

・不動産所得の金額

　240万円－130万円－10万円＝100万円

・総所得金額

　356万円＋100万円＝456万円

18. 所得税の計算

チャレンジ問題 解答・解説は193ページ～

【問題66】 木内容子さん（45歳）の2024年分の収入は下記のとおりである。木内さんの2024年分の総所得金額として、正しいものはどれか。

内容	金額
給与収入	180万円
年金収入（遺族基礎年金・遺族厚生年金）	180万円

＜給与所得控除額の速算表＞

給与等の収入金額			給与所得控除額
	162.5万円	以下	55万円
162.5万円　超	180万円	以下	収入金額×40％－　10万円
180万円　超	360万円	以下	収入金額×30％＋　　8万円
360万円　超	660万円	以下	収入金額×20％＋　44万円
660万円　超	850万円	以下	収入金額×10％＋110万円
850万円　超			195万円

1．118万円

2．180万円

3．234万円

4．288万円

答え

【問題67】 岡さん（66歳）は、2024年中に年金と生命保険の満期保険金を受け取った。下表に基づく岡さんの2024年分の総所得金額（計算式を含む）として、正しいものはどれか。なお、岡さんの公的年金等以外の合計所得金額は1,000万円以下であり、記載のない条件については一切考慮しないこととする。

＜2024年分の収入等＞

内容	金額
老齢厚生年金および企業年金	300万円
生命保険の満期保険金	280万円

※老齢厚生年金および企業年金は、公的年金等控除額を控除する前の金額である。

※生命保険は養老保険（保険期間20年、契約者および満期保険金受取人とも岡さん）の満期保険金であり、既払込保険料（岡さんが全額負担している）は180万円である。なお、契約者配当については考慮しないこと。

＜65歳以上の公的年金等控除額の速算表（公的年金等以外の合計所得金額が1,000万円以下の場合）＞

納税者区分	公的年金等の収入金額	公的年金等控除額
65歳以上の者	330万円以下	110万円
	330万円超　410万円以下	収入金額×25％＋ 27.5万円
	410万円超　770万円以下	収入金額×15％＋ 68.5万円
	770万円超1,000万円以下	収入金額×５％＋145.5万円
	1,000万円超	195.5万円

1．300万円＋（280万円－180万円）×１／２＝350万円

2．（300万円－110万円）＋（280万円－180万円）＝290万円

3．（300万円－110万円）＋（280万円－180万円）×１／２＝240万円

4．（300万円－110万円）＋（280万円－180万円－50万円）×１／２＝215万円

答え ☐

【問題68】 川原さんは、生計を一にする妻と小学生の長女の３人で暮らしている。川原さん一家が2024年中に支払った医療費等が下記＜資料＞のとおりである場合、川原さんの2024年分の所得税の確定申告における医療費控除の金額として、正しいものはどれか。なお、川原さんの2024年中の所得は給与所得500万円のみである。また、保険金等により補てんされる金額はない。

＜資料＞

支払年月	医療を受けた人	医療機関等	内容	支払金額
2024年９月	本人	Ａ病院	健康診断（注１）	15,000円
2024年10月～11月	長女	Ｂ病院	骨折で通院（注２）	160,000円
2024年１月～12月	妻	Ｃ整体院	健康維持のためのマッサージ	83,200円

（注１）川原さんの健康診断の結果に異常はなかった。

（注２）長女はテニスの試合中に足首を骨折した。公共交通機関が近くにない場所であったため病院までタクシーで移動し、タクシー代金として5,400円を支払い、その後の通院については自家用自動車を利用し、駐車場代金として2,400円を支払った。これらの代金については医療費（160,000円）とは別に支払っている。

1．166,000円
2．158,200円
3．67,800円
4．65,400円

答え

【問題69】 下記＜資料＞に基づき、桑原史郎さんの2024年分の所得税を計算する際の所得
控除に関する次の（ア）～（エ）の記述について、正しいものには○、誤ってい
るものには×を解答欄に記入しなさい。

＜資料＞

氏名	続柄	年齢	職業等	2024年分の収入
桑原　史郎	本人（世帯主）	４６歳	会社員	給与収入８００万円
明子	妻	４３歳	パート勤務	給与収入８０万円
健治	長男	２０歳	大学生	収入なし
裕子	長女	１３歳	中学生	収入なし
弘	父	７２歳	無職	公的年金収入８４万円

※家族は全員、史郎さんと同居し、生計を一にしている。

※2024年12月31日時点のデータである。

※障害者または特別障害者に該当する者はいない。

（ア）妻の明子さんは、控除対象配偶者として、配偶者控除の対象となる。

（イ）長男の健治さんは、特定扶養親族として、扶養控除の対象となる。

（ウ）長女の裕子さんは、一般の扶養親族として、扶養控除の対象となる。

（エ）父の弘さんは、同居老親等の老人扶養親族として、扶養控除の対象となる。

答え	ア		イ		ウ		エ	

19. 退職所得の計算

出題傾向	●退職所得の税額を計算させる問題が出題されている。 ●退職所得控除の計算方法は覚えておく。

●退職所得の取り扱い●

- ・退職金、退職手当など、退職により一時に受ける給与は「退職所得」となる
- ・退職所得は、他の所得と切り離して分離課税される
- ・「退職所得の受給に関する申告書」を会社に提出することにより、所得税・住民税が退職支給時に源泉（特別）徴収される

●退職所得の計算方法●

退職所得の金額＝（収入金額－**退職所得控除額**）×1／2

〔退職所得控除額の計算〕

勤続年数	退職所得控除額
20年以下	**勤続年数×40万円（最低80万円）**
20年超	**800万円＋70万円×（勤続年数－20年）** または **70万円×勤続年数－600万円**

（注）勤続年数の端数は、切り上げる（例：20年3ヵ月→21年）

※2013年から、勤続5年以下の役員等の場合は「×1／2」を廃止。
2022年からは、役員等以外でも勤続5年以下の人は、退職所得控除後の金額のうち300万円超の部分は「×1／2」を廃止。

（注）病気等による長期欠勤および休職の期間も勤続年数に含まれる

●退職所得の税金●

- ・**所得税**
  退職所得の金額×所得税の税率－控除額＝所得税の税額
- ・**住民税**
  退職所得の金額×住民税の税率（10％）＝住民税の税額

【問　題】　伸明さんはＡＢ商会を定年退職し、2,000万円の退職金を受け取った。この場合の退職所得①における所得税額として、正しいものはどれか。退職時の伸明さんの勤続年数②は23年6ヵ月とする。なお、税額の計算に際しては、③退職所得から差し引く所得控除はないものとし（所得控除はすべて総合課税となる所得から差し引かれるものとする）、税額控除、復興特別所得税、本問に記載のないデータ、情報等については考慮しないこと。

〈所得税の速算表〉

退職所得の金額（A）		税率(B)	控除額（C）	計算式
	195万円以下	5%	－	
195万円超	330万円以下	10%	97,500円	
330万円超	695万円以下	20%	427,500円	（A）に対する税額
695万円超	900万円以下	23%	636,000円	＝（A）×（B）－（C）
900万円超	1,800万円以下	33%	1,536,000円	
1,800万円超	4,000万円以下	40%	2,796,000円	
4,000万円超		45%	4,796,000円	

1. 492,500円
2. 612,500円
3. 1,500,000円
4. 1,896,000円

①退職所得＝（収入金額－退職所得控除額）×1／2

②退職所得控除額は、勤続年数（20年超、または20年未満）によって異なる。左のページ参照。また、勤続年数に1年未満の端数がある場合、切り上げる。

③総合課税となる所得から差し引くことができなかった所得控除については、退職所得を計算する際に、その金額を差し引くことができる。

正解　答え　1
勤続年数：23年6ヵ月→24年
退職所得控除額：800万円＋70万円×（24年－20年）＝1,080万円
退職所得の金額：(2,000万円－1,080万円)×1／2＝460万円
所得税額：460万円×20％－42.75万円＝49.25万円（所得税速算表より）

20. 確定申告書の見方

出題傾向	●実際の確定申告書に記載されている内容に関する問題が出題されることがある。

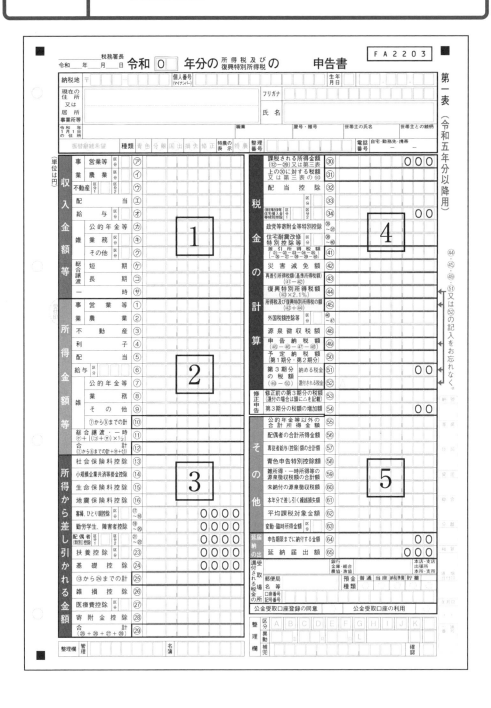

1 … 収入金額

それぞれの所得の収入金額を記入する。例えば、給与所得であれば、給与所得控除額を差し引く前の金額を記入。配当所得については、源泉徴収される前の金額（税込み）を記入する。

2 … 所得金額

各収入から必要経費を差し引いた所得金額を記入する。

事業所得	必要経費、青色申告特別控除額を差し引いた金額を記入。
配当所得	収入金額から負債利子を差し引いた金額を記入。
給与所得	給与収入から給与所得控除額を差し引いた金額を記入。
雑所得	「公的年金等収入金額−公的年金等控除額」と、「業務・その他の雑収入の収入金額−必要経費」を合計した金額を記入。

⑫：合計金額および損益通算を行う場合、損益通算後の金額を記入する。なお、繰越損失額がある場合、その金額を差し引いた後の合計金額を記入する。

3 … 所得控除

・医療費控除については、{（その年に支払った医療費の支出額−保険金等の補てん額）−課税標準の合計額×5％もしくは10万円のいずれか低い金額}　の計算式で求められた金額を⑪の欄に記入する。

・生命保険料控除、地震保険料控除については、支払った保険料の金額を記入するのではなく、それぞれ控除される金額を記入する。

4 … 税金の計算

⑳=「⑫所得金額等の合計額−㉙所得控除の合計金額」を計算し、その金額の1,000円未満を切り捨てた金額を記入する。

㉛=㉚の金額に所得税率を掛けて計算した金額を記入する。

㉜～㊵=一定の条件を満たした場合に適用される「税額控除」。税額から該当する控除額を順次差し引いて、「㊶差引所得税額」を算出する。

㊽=源泉徴収された金額を記入する。

㊾=㊺の欄から㊻欄～㊽欄の金額をそれぞれ差し引いた後の金額を記入する。差し引いた金額が黒字の場合、100円未満の端数を切り捨てた金額を記入。また、差し引いた金額が赤字の場合、金額の頭に「△」または「−」を付けてそのままの金額を記入する。

5 … その他

㊾=配偶者特別控除の適用を受ける場合、配偶者の合計所得金額を記入する。

㊽=青色申告者の場合、青色申告決算書より、青色申告特別控除額を記入する。

㊶=前年分の所得金額から差し引いた繰越控除額を記入する。

【問1】　次頁の＜資料＞、中井勝二さんの「所得税の確定申告書（以下「確定申告書」という）」に関する次の（ア）～（ウ）の記述について、正しいものには○、誤っているものには×を解答欄に記入しなさい。なお、妻と子は中井さんと生計を一にしている。

（ア）中井さんの給与収入が600万円のとき、確定申告書の（A）欄には「6,000,000」と記入する。
　　　<u>　　　　　　　　　　　　　　　　　　　</u>
　　　　　　　　　　　①

（イ）中井さんの妻（35歳）の収入が、<u>パートによる給与収入50万円のみのとき、確定申告書の（B）欄には「38（0,000）」と記入する。</u>
　　　　　　　　　　　②

（ウ）中井さんには<u>子（10歳・小学生）が1人いる。確定申告書の（C）欄には「38（0,000）」と記入する。</u>
　　　　　　　　　　　③

チェックポイント

①誤り。A欄は給与所得の金額を記入するので、給与収入から給与所得控除を引いた金額を記入する。

②正しい。パート収入が50万円であれば、給与所得控除を差し引くと0円になる。したがって、配偶者控除38万円の適用を受けることができる。

③誤り。16歳未満の年少扶養親族には扶養控除はないので、C欄は空欄となる。

正解	
①	×
②	○
③	×

〈資料〉

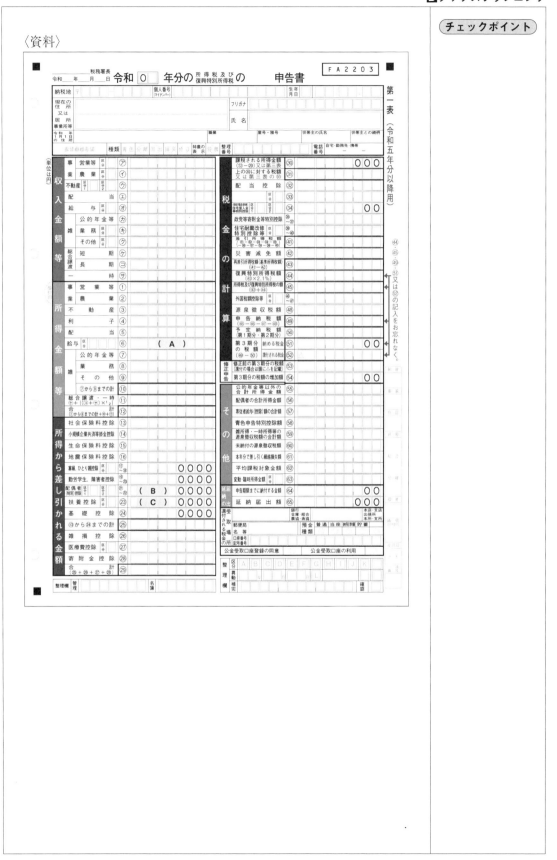

21. 登記記録の見方

出題傾向	●登記記録に基づいた問題が出題されている。登記記録のしくみと基本的な見方を理解しておきたい。

●登記事項証明書●

登記事項証明書（例）

東京都中野区××1-1-2　　　　　　　　　　　　　　　　　　　　全部事項証明書（土地）

表　題　部（土地の表示）			調整	余白	不動産番号	1234567891234
地図番号	余白		筆界特定	余白		
所　在	中野区××一丁目			余白		

⑦

①地番	②地目	③地積　㎡	原因及びその日付〔登記の日付〕
1番2	宅地	123:45	1番から分筆〔昭和57年10月10日〕
余白	余白	余白	昭和63年法務省令第37号附則第2条第2項の規定により移記　平成10年10月8日

イ（地積を指す）

権利部（甲区）（所有権に関する事項）

順位番号	登記の目的	受付年月日・受付番号	権利者その他の事項
1	所有権保存	昭和57年11月20日　第12345号	所有者　東京都中野区××一丁目1番1号　　近代太郎　順位1番の登記を移記
	余白	余白	昭和63年法務省令第37号附則第2条第2項の規定により移記　平成10年10月8日

ウ

権利部（乙区）（所有権以外の権利に関する事項）

順位番号	登記の目的	受付年月日・受付番号	権利者その他の事項
1	抵当権設定	平成12年6月6日　第67899号	原因　　　平成12年6月6日保証委託契約に基づく求償債権同日設定　債権額　　金2,000万円　利息　　　年2.5％　債務者　　東京都中野区××一丁目1番1号　　　　　　　近代太郎　抵当権者　東京都中野区××一丁目2番3号　　　　　　　○○信用保証株式会社　共同担保目録（な）1111号

エ

＊下線のあるものは抹消事項であることを示す。

【表題部】（土地や建物の物理的状況が記載されている）
⑦所在と地番…土地の所在地を示すが、住居表示とは違うことに注意。
イ地積…………土地の面積。実測面積と若干違う場合が少なからずある。
【権利部・甲区】（所有権に関する事項が記載される）
ウ登記の目的……最初の所有権の登記である「所有権保存」、所有権が他者に移転した
・　ことを示す登記である「所有権移転」のほか、「買戻特約」「破産」「差押」などの登記がある。
【権利部・乙区】（抵当権など所有権以外の権利に関する事項が記載される）
エ登記の目的……担保権（債務が返済できない場合に不動産の売却代金から返済を受ける権利）の設定である「抵当権設定」、「質権設定」のほか、用益権（他者の不動産を使用する権利）の設定である「賃借権設定」などがある。

【問　題】　下記＜資料＞は、高倉さんが購入を検討しているマンションの登記事項証明書の一部である。この＜資料＞に関する次の記述のうち、適切なものはどれか。

〈資料〉

全部事項証明書（建物）

表　題　部	（専有部分の建物の表示）		不動産番号	×××××××××××
家屋番号	××1丁目2番3の205		余白	
建物の名称	205		余白	
① 種　類	② 構　造	③ 床面積m²	原因及びその日付 ［登記の日付］	
居宅	鉄筋コンクリート造 1階建	2階部分　66：32	平成20年●月●●日新築 ［平成20年●月●●日］	

表　題　部	（敷地権の表示）			
① 土地の符号	② 敷地権の種類	③ 敷地権の割合	原因及びその日付 ［登記の日付］	
1	所有権	58235分の735	平成20年●月●●日敷地権 ［平成20年●月●●日］	

所　有　者	神奈川県△△市××4丁目3番4号　株式会社にじいろ不動産

権　利　部（甲区）	（所有権に関する事項）		
順位番号	登記の目的	受付年月日・受付番号	権利者その他の事項
1	所有権保存	平成20年●月●●日 第△△△△△△号	原因　平成20年●月●●日売買 所有者　神奈川県△△市××1丁目2番3の 205 西山博

※下線のあるものは抹消事項であることを示す。

1．表題部に記載されている205号室の専有部分の床面積は、壁の中心（壁芯）から測った面積である。
　　　　　　　　　　　　　　　　　　　　①

2．登記記録上、このマンションの205号室の現在の所有者は、株式会社にじいろ不動産であることが分かる。
　　　　　　　　　　　　　　②

3．高倉さんが金融機関からの借入れによりこのマンションの205号室を購入して抵当権を設定した場合、抵当権設定に関する登記事項は「権利部（甲区）」に記載される。
　　　　　　　　　　　③

4．登記事項証明書は、誰でも法務局において手数料を納付すれば交付の請求をすることができる。
　　　　④

①不適切。マンションの場合、登記簿上の面積は内法（うちのり）面積（壁で囲まれた内側だけの床面積）で記載される。なお、マンションの広告では壁芯面積で記載されている。また、一戸建ての住宅の場合は、壁芯面積が登記簿上の面積となる。

②不適切。権利部（甲区）により、現在の所有者は、西山博さんである。

③不適切。抵当権設定に関する登記事項は「権利部（乙区）」に記載される。

④適切。

正解	4

チャレンジ問題　解答・解説は194ページ〜

【問題70】　下記〈資料〉は、神田さんが購入を検討しているマンションの登記事項証明書の一部である。この〈資料〉に関する次の（ア）〜（ウ）の記述について、正しいものには○、誤っているものには×を解答欄に記入しなさい。

〈資料〉

東京都△△市××1丁目2−3−405　　　　　　　　　　　全部事項証明書（建物）

表　題　部　（専有部分の建物の表示）			不動産番号	×××××××××××××
家屋番号	××1丁目2番3の405		余白	
建物の名称	405		余白	
① 種　類	② 構　造	③ 床面積m²	原因及びその日付 ［登記の日付］	
居宅	鉄筋コンクリート造	2階部分　64：28	平成16年●月●●日新築 ［平成16年●月●●日］	

表　題　部　（敷地権の表示）				
① 土地の符号	② 敷地権の種類	③ 敷地権の割合	原因及びその日付 ［登記の日付］	
1	所有権	55235分の835	平成16年●月●●日敷地権 ［平成16年●月●●日］	

所　有　者　○○市△△2丁目3番4号　株式会社ひまわり不動産

権　利　部（甲区）　（所有権に関する事項）			
順位番号	登記の目的	受付年月日・受付番号	権利者その他の事項
1	所有権保存	平成16年●月●●日 第△△△△△△号	原因　平成16年●月●●日売買 △△市××1丁目2番3の405 目黒悠斗

※下線のあるものは抹消事項であることを示す。

（ア）表題部に記載されている405号室の専有部分の床面積は、壁の中心（壁芯）から測った面積である。

（イ）このマンションの現在の所有者は、株式会社ひまわり不動産ではなく、目黒悠斗さんであることが分かる。

（ウ）神田さんが金融機関から借入れをしてこのマンションを購入した場合、抵当権設定に関する登記事項は「権利部（甲区）」に記載される。

答え　ア　　　　　　　イ　　　　　　　ウ

【問題71】 下記〈資料〉は、平成19年に住宅ローン契約を締結している細井さんが所有する土地の登記事項証明書の一部である。この登記事項証明書に関する次の①〜④の記述について、正しいものには○、誤っているものには×を記入しなさい。

〈資料〉

（　A　）			
順位番号	登記の目的	受付年月日・受付番号	権利者その他の事項
1	抵当権設定	（　B　） 第1212号	原因（　B　）金銭消費貸借同日設定 債権額　金2,500万円 利息　年2・15％（年365日日割計算） 損害金　年14・5％（年365日日割計算） 債務者 埼玉県さいたま市浦和区△△１丁目２ 番３号 細井大樹 抵当権者　東京都中央区中央◇−×−△ 株式会社つつじ銀行

①つつじ銀行からの住宅ローンの借入れに係る抵当権の登記が記載されている欄（A）は、権利部の乙区である。

②土地の売買契約日が平成19年８月１日、住宅ローンの借入れ日が平成19年９月３日であった場合、「金銭消費貸借」の設定日（B）は、平成19年９月３日とするのが通常である。

③この土地にはつつじ銀行の抵当権が設定されているため、別途、他の金融機関が抵当権を設定することはできない。

④細井さんが債務の弁済を怠った場合、つつじ銀行は裁判所に申し立ててこの土地を競売にかけ、債権を回収することができる。

答え	①		②		③		④	

22. 不動産広告の見方

出題傾向	●不動産広告の見方が出題されることがあるので、基本的な部分はしっかりと理解しておきたい。

●不動産広告の例●

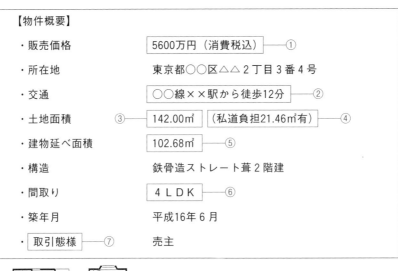

中古住宅　日当たり良好

【物件概要】

・販売価格　　　5600万円（消費税込）──①

・所在地　　　　東京都○○区△△2丁目3番4号

・交通　　　　　○○線××駅から徒歩12分──②

・土地面積　③─142.00㎡（私道負担21.46㎡有）──④

・建物延べ面積　102.68㎡──⑤

・構造　　　　　鉄骨造ストレート葺2階建

・間取り　　　　4LDK──⑥

・築年月　　　　平成16年6月

・取引態様─⑦　売主

1階　　2階

WA不動産㈱──⑧

東京都知事免許（◇）第×××号──⑨

東京都○○区××3丁目2番1号──⑩
03-○○○○-△△△△

①事業者が売り主として建物を販売する場合は、税込価格を表示し、その旨が明記される

②徒歩による所要時間は、80mにつき1分間の計算（1分未満の端数は切上げ）で表示される

③土地の面積は水平投影面積で表示され、単位「平方メートル」とされる

④私道負担。私道として負担する部分には、建物を建てることはできないので、私道がある場合は私道面積が理解できるように表示されていなければならない

⑤建物面積に車庫や地下室等が含まれている場合は、その旨および面積が表示される

⑥LDKは居間・食事室兼台所、DKは食事室兼台所としての広さと機能を有している場合に使用される

⑦売主、代理、仲介等の別が表示されている

⑧広告主の名称・商号。○○不動産㈱と正式名称が表示される

⑨宅建業法による免許証番号。宅建業を営む者は都道府県知事（または国土交通大臣）の免許が必要となる。（◇）の◇が5年に一度の免許の更新ごとに増加する

⑩広告主の事業所の所在地・電話番号が表示される

【問　題】　下記の〈資料〉は、中古住宅販売についての新聞の折込み広告の例である。この広告の内容に関する次の記述のうち、最も適切なものはどれか。

〈資料〉

中古住宅　日当たり良好

【物件概要】

・販売価格　　　　　5,600万円（消費税込）
・所在地　　　　　　東京都○○区△△２丁目３番４号
・交通　　　　　　　○○線××駅から徒歩12分
・土地面積　　　　　142.00㎡（私道負担21.46㎡有）①②
・建物延べ床面積　　102.68㎡
・構造　　　　　　　鉄骨造スレート葺２階建
・間取り　　　　　　４ＬＤＫ
・築年月　　　　　　平成16年６月
・取引態様　　　　　売主③

ＷＡ不動産㈱
東京都知事免許（◇）第×××号
東京都○○区××３丁目２番１号
03－○○○○－△△△△

1．駅からこの物件まで歩いたときの道路距離は、約720メートル①と考えられる。

2．この物件の土地について、所有者が建物の敷地として自由に使うことのできない部分がある。②

3．この物件をＷＡ不動産㈱で購入する場合、ＷＡ不動産㈱へ仲介手数料を支払うことになる。③

4．この広告には、土地と建物の価格、およびそのそれぞれにかかる消費税（地方消費税を含む）を合計した金額が、販売価格として表示されている。

チェックポイント

①不適切。１分を80mとして計算している（端数切上げ）。80m×12分＝960mである。

②適切。「私道負担有り」と記載されている場合、その部分については自由に使用することはできない。

③不適切。取引態様が「売主」と記載されている場合、その広告を出している不動産業者が、自分の所有している不動産を売りに出しているという意味なので、不動産業者は、仲介手数料を取ることはできない。なお、「仲介」と書かれている場合、不動産会社は仲介手数料を取ることができる。

正解　答え　2

4．不適切。建物には消費税が課税されるが、土地には消費税が課税されない。したがって、販売価格に「消費税込み」と記載されている場合でも、建物に対して課税される消費税のみが記載されている。

チャレンジ問題 解答・解説は195ページ

【問題72】 下記＜資料＞は、中古マンションについての新聞の折込み広告（抜粋）である。
この広告の内容等に関する次の（ア）～（エ）の記述について、正しいものには
〇、誤っているものには×を解答欄に記入しなさい。

＜資料＞

| 売マンション | 眺望、住環境良好！ |

【物件概要】

所在地	：東京都◇◇区□□４丁目
交通	：〇〇線△△駅から徒歩１２分
用途地域	：準工業地域
販売価格	：４，４８０万円（消費税込み）
階／階建て	：４階／９階
専有面積	：７１.１４㎡（壁芯）
バルコニー面積	：１０.５２㎡
管理費（月額）	：１４，５００円
修繕積立金（月額）	：１０，２５０円
間取り	：２ＬＤＫ
構造	：鉄筋コンクリート造９階建
土地の権利	：所有権
築年月	：平成１７年１０月
総戸数	：９０戸
設備	：都市ガス・公営水道・本下水
現況	：居住中
取引態様	：専属専任媒介

ＴＡ不動産　東京都知事（２）第▽▽▽▽▽号　ＴＥＬ：０３－××××－××××

（ア）〇〇線△△駅から物件までの道路距離は、880m超960m以下である。

（イ）この物件がある用途地域内には、建築基準法上、幼稚園や小学校を建築することが
できる。

（ウ）この物件を購入する場合、通常、宅地建物取引業者に媒介業務に係る報酬（仲介手
数料）を支払う。

（エ）この広告では物件の専有面積は壁芯面積で記載されているが、これは、登記簿上の
面積より小さい。

答え	ア		イ		ウ		エ	

【問題73】　下記＜資料＞は、荒木さんが購入を検討している中古マンションのインターネット上の広告（抜粋）である。この広告の内容等に関する次の記述のうち、誤っているものはどれか。

＜資料＞

○○パレス（中古マンション）			
所在地	□□市○○町１丁目７番	間取り	２ＬＤＫ
交通	△△線○○駅から徒歩９分	総戸数	６８戸
価格	２，６５０万円	築年月	２０１０年２月
専有面積	７６．３８m² （壁芯）	敷地の権利関係	所有権
バルコニー	１８．１８m²	管理費	９，０００円／月
構造	ＲＣ構造	修繕積立金	５，２００円／月
所在階・階建	３階／８階建	取引態様	媒介

１．広告に記載された専有面積には、バルコニー面積が含まれる。

２．この物件の登記簿上の面積は内法面積であり、広告に記載された専有面積より小さい。

３．荒木さんがこの物件を購入した場合、荒木さんの意思にかかわりなく、管理組合の構成員となる。

４．この物件の現在の区分所有者が管理費を滞納していた場合、この物件を購入した荒木さんに滞納分の管理費の支払い義務が生じる。

答え　[　　　　　　　]

23. 建蔽率・容積率の計算

出題傾向	●建蔽率・容積率に関する問題がよく出題されている。 ●計算問題もできるようにしておく。

●道路と接道義務●

接道義務	建物を建築する敷地は、建築基準法上の**道路に2m以上接**していなければならない（都市計画区域、準都市計画区域内）
建築基準法上の道路とは	①原則、幅員が**4m以上**の道路 ②昔からある4m未満の道路（42条2項道路または単に2項道路）（注） ③特定行政庁の認定を受けた幅員4m以上の私道（位置指定道路） （注）1．2項道路の場合、道路中心線から2m離れたところが道路境界線とみなされるので、建物を建てる際には敷地をその道路境界線まで後退（**セットバック**）させなければならない 　　　2．セットバック部分は、建蔽率・容積率を適用する際の敷地面積に含まれない

●建蔽率と容積率●

建蔽率	建蔽率とは、建築面積の敷地面積に対する割合 用途地域ごとに指定建蔽率が定められているが、次の緩和規定がある ・建蔽率が80%の地域（商業地域等）内でかつ防火地域内に耐火建築物を建てる場合→建蔽率の制限がない ・建蔽率が80%以外の地域（住居系用途地域等）でかつ防火地域内に耐火建築物を建てる場合、準防火地域内に耐火建築物、準耐火建築物等を建てる場合→10%緩和 ・**角地→10%緩和**
容積率	容積率とは、建物の延べ面積の敷地面積に対する割合 用途地域ごとに指定容積率が定められているが、次の制限規定がある ・敷地の前面道路の幅員が12m未満の場合には、次の（イ）（ロ）のいずれか少ない方が実際の容積率となる （イ）指定容積率 （ロ）前面道路幅員（4m未満の場合は4m）**×0.6**（住居系用途地域の場合は**0.4**）

※建蔽率・容積率が異なる地域にまたがる場合…加重平均して計算する

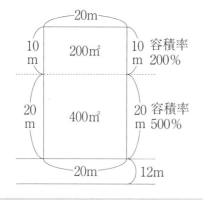

※左図の600㎡の土地の全体の容積率は？

$$\frac{400㎡ \times 500\% + 200㎡ \times 200\%}{600㎡}$$
$$= 400\%$$

【問　題】　下記〈資料〉の土地（<u>防火地域内にあり、かつ特定行政</u>
　　　　　　<u>庁が指定する角地である</u>）に耐火建築物を建てる場合の、
　　　　　　　　①
　　　　　　<u>建築面積の最高限度（ア）</u>と<u>延べ面積の最高限度（イ）</u>
　　　　　　　　　　②　　　　　　　　　　　　　　③
　　　　　　の組み合わせとして、正しいものはどれか。

〈資料〉

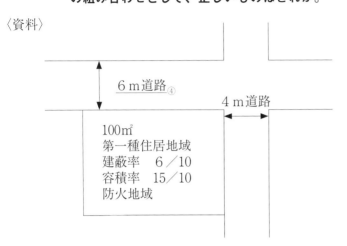

1．（ア）70㎡　（イ）250㎡

2．（ア）70㎡　（イ）160㎡

3．（ア）80㎡　（イ）240㎡

4．（ア）80㎡　（イ）150㎡

チェックポイント

①建蔽率が80％未満の場合において、防火地域内に耐火建築物を建てる場合、建蔽率は10％緩和される。また、特定行政庁が指定する角地の場合、建蔽率は10％緩和される。

②建築面積の最高限度を求める場合、建蔽率を使用する。

③延べ面積の最高限度を求める場合、容積率を使用する。

④前面道路の幅員が12m未満の場合、前面道路幅員×0.4（住居系用途地域の場合）と指定容積率の低い方が基準容積率となる。なお、前面道路が複数ある場合、幅員の広い道路が基準となる。

正解　答え　4

（ア）建築面積の最高限度

　　設問の場合、建蔽率が80％未満の場合において、防火地域内に耐火建築物を建てる（このことで10％緩和）とともに、特定行政庁が指定する角地に該当するので（このことで10％緩和）、建蔽率はそれぞれ10％（合計20％）緩和される。

　　建蔽率＝6／10＋1／10＋1／10＝8／10

　　建築面積の最高限度＝100㎡×8／10＝80㎡

（イ）延べ面積の最高限度

　　前面道路の幅員が12m未満なので、次のように計算した容積率と、そもそもの指定容積率の両者を比較して、基準容積率を決定する。

　　6m（幅員の広い方の道路が基準）×0.4（住居系用途地域）＝240％　…計算による容積率

　　（設問の条件から）容積率15／10　とあるので、150％　…指定容積率

　　よって、基準容積率は150％。延べ面積の最高限度＝100㎡×150％＝150㎡

チャレンジ問題　解答・解説は195ページ〜

【問題74】　建築基準法に従い、下記＜資料＞の甲土地に建物を建てる場合の建築面積の最高限度として、正しいものはどれか。なお、＜資料＞に記載のない条件については一切考慮しないこととする。

＜資料＞

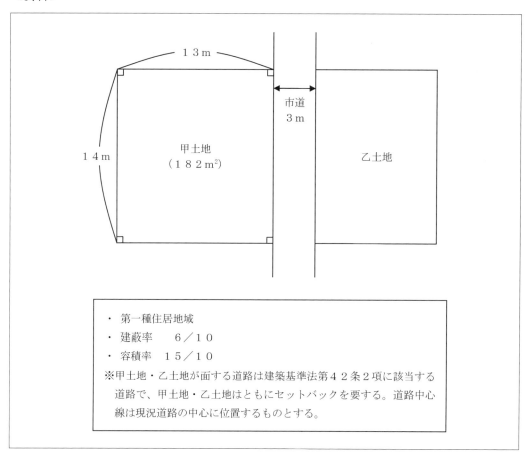

- ・　第一種住居地域
- ・　建蔽率　　6／10
- ・　容積率　　15／10

※甲土地・乙土地が面する道路は建築基準法第42条2項に該当する道路で、甲土地・乙土地はともにセットバックを要する。道路中心線は現況道路の中心に位置するものとする。

1．109.2㎡

2．105.0㎡

3．100.8㎡

4．　70.0㎡

答え

【問題75】 建築基準法に従い、下記＜資料＞の土地に建物を建てる場合の延べ面積（床面積の合計）の最高限度を計算しなさい。なお、記載のない条件については一切考慮しないこととする。また、解答に当たっては、解答用紙に記載されている単位に従うこと。

＜資料＞

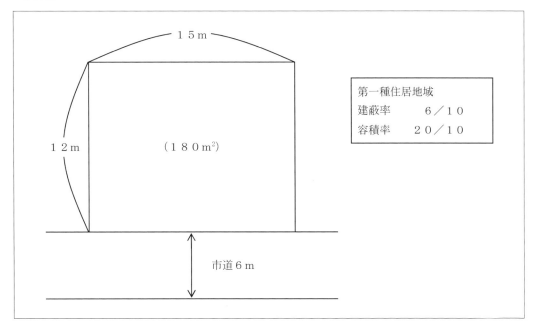

答え _____ ㎡

24. 不動産を譲渡したときの税額計算

重要度 ★ ★

出題傾向	●一般の長期譲渡の計算、マイホームを譲渡したときの計算については、基本的な算出手順を覚えておきたい。

●譲渡所得の基礎●

・不動産の譲渡は、譲渡所得となり、他の所得と分離して課税される。
・譲渡した年の**1月1日現在**で、所有期間が**5年以下**なら「**短期譲渡**」、**5年超**なら「**長期譲渡**」となり、課税の方法が異なってくる。

●譲渡所得の計算方法●

収入金額－（取得費＋譲渡費用）－特別控除＝課税譲渡所得
　　　　　　　　①　　　　　　　　②

課税譲渡所得×税率＝税額
　　　　　　　③

①取得費：・土地の場合…資産の取得に要した金額＋設備費・改良費
　　　　　・建物の場合…資産の取得に要した金額＋設備費・改良費－減価償却額
　（注）譲渡したとき資産の取得費が不明のときや少額の場合は、概算取得費として「**譲渡収入金額×5％**」を取得費とすることができる。

②特別控除（主なもの）

居住用財産を譲渡したとき	**3,000万円**
土地収用法などによって譲渡したとき	5,000万円

③税率

		所得税	住民税
短期譲渡	一律	**30%**（30.63％）	**9％**
一般の長期譲渡	一律	**15%**（15.315％）	**5％**
1月1日現在で10年超所有の居住用財産	6,000万円以下の部分	**10%**（10.21％）	**4％**
	6,000万円超の部分	15%（15.315％）	5％

（注）1．カッコ内は復興特別所得税を加算した場合の税率。
　　　2．3,000万円の特別控除と10年超所有の場合の軽減税率とは併用可能である。

※下記の【問1】～【問3】に答えなさい。なお、復興特別所得は考慮しない。

【問1】 昔（40年以上前）から所有している駐車場の土地（取得費不明）を8,000万円で売却した場合（譲渡費用300万円）、譲渡所得税（所得税＋住民税）はいくらになるか。
①②

【問2】 15年前に2,000万円で買ったマイホームを6,000万円で売却した（譲渡費用200万円）。居住用財産の特別控除を利用した場合、譲渡所得税（所得税＋住民税）はいくらになるか。なお、建物の減価償却は考慮しないものとする。
③④

【問3】 居住用財産を譲渡した場合の長期譲渡所得の課税の特例（いわゆる軽減税率の特例）に関して、課税長期譲渡所得が6,500万円の場合の税額（所得税のみ）はいくらか。

チェックポイント

①一般の長期譲渡。特別控除はなし。税率は20％（所得税15％＋住民税5％）。

②概算取得費＝譲渡収入×5％

③10年超所有の居住用財産なので、低率課税になる。

④特別控除は3,000万円

正解 （復興特別所得税は考慮しない）

【問1】 答え　　1,460万円

概算取得費＝8,000万円×5％＝400万円

課税長期譲渡所得金額：8,000万円－（400万円＋300万円）＝7,300万円

税額（所得税＋住民税）：7,300万円×20％＝1,460万円
　　　　　　　　　　　（一般の長期譲渡の税率）

【問2】 答え　　112万円

課税長期譲渡所得金額：6,000万円－（2,000万円＋200万円）－3,000万円　　　＝800万円
　　　　　　　　　　　　　　　　　　　（居住用財産の特別控除）

税額：10年超所有の居住用財産で、800万円＜6,000万円なので、税率は14％（所得税10％、住民税4％）
　　　800万円×14％＝112万円

【問3】 答え　　675万円

6,000万円×10％＝600万円

500万円×15％＝75万円

600万円＋75万円＝675万円

チャレンジ問題　解答・解説は196ページ

【問題76】　中井さんは、被相続人である父が37年前に取得した土地および建物を2014年2月に相続し、自宅としていたが、2024年2月に売却した。売却に係る状況が下記＜資料＞のとおりである場合、課税長期譲渡所得を求める計算式として、正しいものはどれか。

＜資料＞

［中井さんの自宅（土地および建物）］

・取得費：土地および建物とも不明であるため概算取得費とする。

・売却価格（合計）：7,500万円

・譲渡費用（合計）：200万円

※居住用財産を譲渡した場合の3,000万円特別控除の特例の適用を受けるものとする。

※所得控除は考慮しないものとする。

1．7,500万円 − （7,500万円×5％＋200万円） −3,000万円

2．7,500万円 − （7,500万円×10％＋200万円） −3,000万円

3．7,500万円 − （7,500万円＋200万円） ×5％−3,000万円

4．7,500万円 − （7,500万円＋200万円） ×10％−3,000万円

答え

【問題77】 下記＜資料＞に基づき、土地（居住用ではない）を譲渡した場合の譲渡所得に係る所得税および住民税の合計額を計算しなさい。なお、この譲渡は国や地方公共団体等へのものではなく、収用交換によるものでもない。また、＜資料＞に記載のない条件や復興特別所得税は考慮しないものとし、解答に当たっては、解答用紙に記載されている単位に従うこと。

＜資料＞

・取得の日：2019年10月 6 日

・譲渡の日：2024年11月26日

・課税譲渡所得金額：1,200万円

[土地建物等の譲渡所得に係る税率]

	所得税	住民税
課税長期譲渡所得	15％	5 ％
課税短期譲渡所得	30％	9 ％

答え 　　　　　　　万円

25. 相続税の計算

出題傾向	●協会の試験では、課税価格の合計と基礎控除の算出などの計算問題が出題されている。全体の計算の流れをしっかり理解しておきたい。

●法定相続人と法定相続分●

〈相続人の範囲〉　　〈相続人となる順位〉

配　偶　者 ……**常に相続人**となる

血族
子 ……**第1順位**
直系尊属 ……**第2順位**　（第1順位のいないとき）
兄弟姉妹 ……**第3順位**　（第1順位、第2順位のいないとき）

（注）・**代襲相続**…相続人が被相続人より**先に死亡**していたり、**欠格、廃除**により相続権を失っていたときは、その直系卑属が相続権を代襲できる
　　　・**相続放棄した場合は、代襲相続できない**

相続人	法定相続分
配偶者と子	配偶者**1／2**・子**1／2**（複数いるときは均等に按分する）
配偶者と直系尊属	配偶者**2／3**・直系尊属**1／3**（複数いるときは均等に按分する）
配偶者と兄弟姉妹	配偶者**3／4**・兄弟姉妹**1／4**（複数いるときは均等に按分する）

●相続放棄があった場合の取扱い●

民法上の取扱い	はじめから相続人ではなかったものとみなされるため、相続分は存在しない
相続税法上の取扱い	**相続放棄した者も法定相続人の数に含めて相続税の総額を計算する**

〈例〉

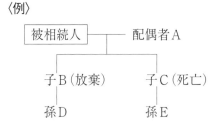

〈民法上の取扱い〉
・相続人…A、E（代襲相続人）の2人
・相続分…A1／2、E1／2
〈相続税法上の取扱い〉
・法定相続人…A、B、Eの3人
・法定相続分…A1／2、B1／4、E1／4

【問　題】 次の各親族関係について、相続税を計算するうえでの①
法定相続人の数と②法定相続分を求めなさい。

（1）

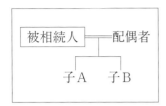

⑴子の相続分1／2を2
人で按分する。
1／2×1／2＝1／4

正解
①3人
②配偶者1／2
子A,B各1／4

（2）

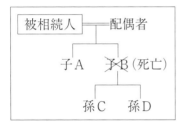

⑵孫C、Dは子Bの相続分
1／4を代襲相続するので、
1／4×1／2＝1／8

正解
①4人
②配偶者1／2
子A　1／4
孫C,D各1／8

（3）

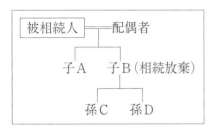

⑶相続税の総額までを計
算するうえでの法定相続
人、法定相続分を求める
場合は、相続放棄しても
放棄しなかったものとし
て取り扱う。

正解
①3人
②配偶者1／2
子A,B各1／4

（4）

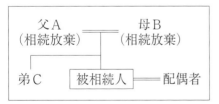

⑷相続放棄しても放棄し
なかったものとして取り
扱うので、父母の相続分
である1／3を2人で按
分する。1／3×1／2
＝1／6

正解
①3人
②配偶者2／3
父A、母B各1/6

（5）

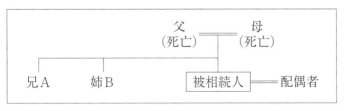

⑸兄弟姉妹の相続分1／
4を2人で按分する。
1／4×1／2＝1／8

正解
①3人
②配偶者3／4
兄A、姉B各1／8

●相続税は、次の５つのステップで計算される●

Step1. 課税価格の合計額を求める

相続・遺贈財産	+	みなし相続財産	−	非課税財産	−	債務・葬式費用	+	３〜７年以内（※）贈与財産などの加算	=	課税価格の合計額
①		②		③		④		⑤		

①	・相続・遺贈財産を相続税評価額で評価する ・土地については、小規模宅地等の特例※がある （注）宅地について、一定面積までの部分は、通常評価額から一定割合を減額する特例

宅地の種類		減額対象面積	減額割合
事業用宅地	**特定事業用宅地等**（一定の親族が被相続人の事業を引き継ぐ場合など）	**400㎡**	**80%**
	貸付事業用宅地等（アパートなど）	200㎡	50%
居住用宅地	**特定居住用宅地等**（配偶者が取得する場合、同居親族が取得し、引き続き居住する場合）	**330㎡**	**80%**

②	死亡保険金（被相続人が保険料を負担したもの）、死亡退職金（死亡後３年以内に支給が確定したもの）など
③	死亡保険金、死亡退職金を受け取った場合、それぞれ下記の金額まで非課税となる **500万円×法定相続人数**（法定相続人の数には、相続放棄者を含める）
④	・債務・葬式費用は財産の価額から控除する
⑤	・相続開始前３〜７年以内（※）に被相続人から贈与された財産は、贈与時の価額で加算する （注）1. 贈与税の基礎控除額以下の贈与でも加算 　　　2. 贈与税の配偶者控除（2,000万円）や直系尊属から贈与を受けた住宅取得等資金、教育資金、結婚・子育て資金のうち非課税の適用を受けた金額は加算不要 ・相続時精算課税の適用を受けた財産は、贈与時の価額で加算する （2024年1月1日以降、贈与者ごとに、1年間に贈与により取得した財産の価額の合計額から、基礎控除額（原則110万円）を控除し、特別控除（最高2,500万円）の適用がある場合は、その金額を控除した残高に20%の税率を乗じて、贈与税額を算出する）

※贈与財産が相続税の課税価格に加算される期間は、2024年1月1日から順次延長され、2031年1月1日以後の相続からは、相続開始前7年以内の贈与財産が加算されることになる。ただし、延長される4年間に受けた贈与については、合計100万円までは相続税の課税価格に加算されない

Step2. 課税遺産総額を求める

課税価格の合計額	−	基礎控除	=	課税遺産総額

3,000万円＋600万円×法定相続人数 （注）1. 法定相続人には**相続放棄者も含める** 　　　2. 養子が複数いる場合、次の人数までしかカウントできない 　　　　・**実子がいる場合……1人**　・**実子がいない場合…2人**

【問1】　下記の設例に基づいて、①～③の金額を計算しなさい。

──〈設例〉────────────────

※被相続人は、2023年1月に死亡した。

※相続財産……・土地建物や預貯金＝1億8,000万円（相続税評価額）

　　　　　　　・生命保険金＝4,000万円
　　　　　　　　　　　　　①

　　　　　　　・死亡退職金＝2,000万円
　　　　　　　　　　　　　②

　　　　　　　・債務および葬式費用＝1,000万円
　　　　　　　　　　　　　　　　　　③

※相続人……妻と子2人（第1子22歳と第2子16歳）の計3人
　　　　　　　　　　　　　　　　　　　　　　　④

※法定相続分どおりに相続したものとする。

　なお、相続時精算課税制度を選択した相続人はいない。

────────────────────────

①課税価格の合計額はいくらになるか。

②相続税の基礎控除額はいくらになるか。

③基礎控除後の課税遺産総額はいくらになるか。

①②みなし相続財産となるが、各500万円×法定相続人数の金額が非課税となる。

③課税価格から差し引くことができる。

④法定相続人数が3人となる。

正解

①　1億8,000万円　＋　4,000万円　－　（500万円×3人）　＋　2,000万円　－
　（土地・建物・預貯金）　（生命保険金）　（生命保険金の非課税）　（死亡退職金）

　（500万円×3人）　－　1,000万円　＝　2億円
　（死亡退職金の非課税）　（債務・葬式費用）　（課税価格）

①答え　　　　　　2億円

②3,000万円＋600万円×3人＝4,800万円

②答え　　　　4,800万円

③　2億円　－4,800万円＝1億5,200万円
　（課税価格）

③答え　1億5,200万円

Step3. 相続税の総額を求める

各相続人がどのように相続したかに関係なく、法定相続分どおりに相続したものとして税額を計算し合計する

A： 課税遺産総額 × 法定相続分 × 税率－控除額 ＝ 税額 ─┐ 合 計

B： 課税遺産総額 × 法定相続分 × 税率－控除額 ＝ 税額 ─┘ 相続税の総額

⋮ ⋮ ⋮

●相続税の税額速算表●

Ⓐ課税遺産総額に各相続人の法定相続分をかけた額	Ⓑ税率	Ⓒ控除額
〜 1,000万円以下	10%	－
1,000万円超 〜 3,000万円以下	15%	50万円
3,000万円超 〜 5,000万円以下	20%	200万円
5,000万円超 〜 1億円以下	30%	700万円
1億円超 〜 2億円以下	40%	1,700万円
2億円超 〜 3億円以下	45%	2,700万円
3億円超 〜 6億円以下	50%	4,200万円
6億円超 〜	55%	7,200万円

税額＝Ⓐ×Ⓑ－Ⓒ

Step4. 各人の算出税額の計算

相続税の総額を実際に相続した取得割合に応じて按分する

A： 相続税の総額 × 財産取得割合 ＝ 算出税額

B： 相続税の総額 × 財産取得割合 ＝ 算出税額

⋮ ⋮ ⋮

Step5. 各人の納付税額

適用できる税額控除があれば、それを差し引いて納付税額を算出する

（2割加算の対象者は税額を加算する）

算出税額 － 税額控除 ＝ 納付税額

主な税額控除

配偶者の税額軽減	配偶者が相続した場合、下記の金額が控除される
	㋐配偶者の法定相続分相当額（1億6,000万円に満たない場合には1億6,000万円）　㋐、㋑のうちいずれか少ない方の金額 相続税の総額 × ㋑配偶者が相続した課税価格 / 全体の課税価格
未成年者控除	・18歳未満の法定相続人に適用 ・控除額＝10万円×（18歳－年齢）

(注)1. この他の税額控除として、障害者控除、贈与税控除（相続時精算課税制度を利用した場合を含む）、相次相続控除、外国税額控除がある

2. 相続・遺贈により財産を取得した者が、配偶者・1親等の血族以外の場合（兄弟姉妹など）、その人の算出税額の2割相当額が加算される

【問2】 【問1】の設例に基づいて、①〜④の金額を計算しなさい。

①相続税の総額はいくらになるか。
　①

②各相続人の算出税額は、それぞれいくらになるか。
　②

③配偶者の税額軽減額はいくらになるか。
　③

④各相続人の納付税額は、それぞれいくらになるか。

チェックポイント

①法定相続分どおりに相続したものとみなして計算する。

②相続税の総額を各人の相続割合であん分する。設例の場合は、法定相続分どおりに相続したというケース。

③計算式は覚えておきたい。配偶者の税額軽減を利用すると、配偶者が法定相続分相当額または1億6,000万円まで相続した場合には、配偶者には相続税がかからないことも覚えておく。

正解

① ・妻……1億5,200万円 × $\frac{1}{2}$ ＝7,600万円
　　　　（課税遺産総額）　（法定相続分）

　　　7,600万円×30％ － 700万円 ＝1,580万円
　　　　　（税率）　（速算表の控除額）　（算出税額）

・子それぞれ……1億5,200万円 × $\frac{1}{2}$ × $\frac{1}{2}$ ＝3,800万円
　　　　　　　　　　　　　　　　（法定相続分）

　　　　3,800万円×20％ － 200万円 ＝560万円
　　　　　　（税率）　（速算表の控除額）　（算出税額）

・相続税の総額＝1,580万円＋560万円×2人＝<u>2,700万円</u>　　　①答え　2,700万円

② ・妻　　　　　　（妻の課税価格）
　　2,700万円 × $\frac{10,000万円}{20,000万円}$ ＝ <u>1,350万円</u>（負担割合は0.50）
　（相続税の総額）　（全体の課税価格）　（相続税額）

・子それぞれ
　　　　　　　（子それぞれの課税価格）
　　2,700万円× $\frac{5,000万円}{20,000万円}$ ＝ <u>675万円</u>（負担割合は0.25）　②答え　妻　　　　1,350万円
　　　　　　　（全体の課税価格）　（相続税額）　　　　　　　　　　　　子それぞれ　675万円

　（注）事例の場合、法定相続分どおり相続したので、妻の課税価格は2億円×$\frac{1}{2}$＝1億円、子それ
　　　ぞれの課税価格は2億円×$\frac{1}{2}$×$\frac{1}{2}$＝5,000万円となる。各人の相続税額が、①で計算した算出
　　　税額と異なる点に留意のこと

③配偶者の税額軽減額＝2,700万円× $\frac{1億円（課税価格）}{2億円}$ ＝<u>1,350万円</u>　　　③答え　　1,350万円

④ ・妻：1,350万円 － 1,350万円 ＝ 0円→<u>納付税額ゼロ</u>
　　　（算出税額）　（配偶者の税額軽減）

・第1子：<u>675万円</u>（②の相続税額がそのまま納付税額）　　　　　④答え　妻　　　　　0円

・第2子：675万円 －{10万円×（18歳－16歳）}＝<u>655万円</u>（納付税額）　　　第1子　675万円
　　　　（相続税額）　　　　（未成年者控除）　　　　　　　　　　　　　　　第2子　655万円

チャレンジ問題　解答・解説は196ページ～

【問題78】　下記の〈親族関係図〉の場合において、民法の規定に基づく法定相続分に関する次の記述の空欄（ア）～（ウ）に入る適切な語句または数値を語群の中から選び、解答欄に記入しなさい。なお、同じ語句または数値を何度選んでもよいこととする。

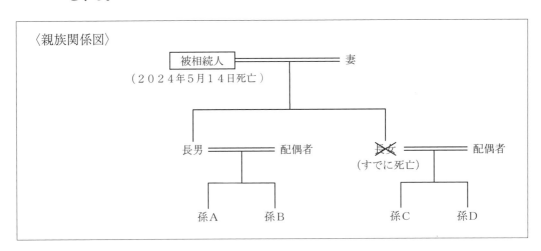

〈親族関係図〉

［相続人の法定相続分］
・被相続人の妻の法定相続分は（　ア　）。
・被相続人の長男の法定相続分は（　イ　）。
・被相続人の孫Cと孫Dのそれぞれの法定相続分は（　ウ　）。

―〈語群〉――――――――――――――――――――――――――――――――
なし　　　1／2　　　1／3　　　1／4　　　1／8　　　2／3　　　3／4
3／8　　　1／16

答え	ア		イ		ウ	

【問題79】 次の設例に基づいて、下記の問に答えなさい。

〈設例〉

　甲社の代表取締役であるAさんは、2024年3月に死亡した(業務上の死亡ではない)。Aさんの親族関係は、以下のとおりである。長女Dは2009年にすでに死亡しており、二男Eは2024年4月にAさんに係る相続を放棄している。なお、Aさんおよび相続人は日本国籍で、かつ日本国内に住所を有し、財産はすべて日本国内にあるものとする。

〈親族関係図〉

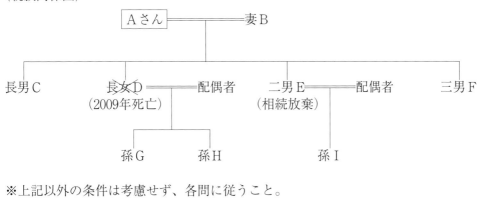

※上記以外の条件は考慮せず、各問に従うこと。

　相続税法上、相続税の総額を求める際に用いられる法定相続分について、各人の割合を求めよ。

妻B：（　①　）

長男Cおよび三男F：各々（　②　）

二男E：（　③　）

孫I：（　④　）

孫Gおよび孫H：各々（　⑤　）

答え	①		②		③	
	④		⑤			

【問題80】　下記の原田健一さんの相続事例において、（ア）課税価格の合計額と（イ）基礎控除額を計算し、それぞれの答えを解答欄に記入しなさい。なお、解答に当たっては、解答用紙に記載されている単位に従うこととする。

・課税価格の合計を出すための財産の相続税評価額

土地　　　　　　：2,000万円（小規模宅地等の特例適用後）

建物　　　　　　：2,000万円

預貯金　　　　　：4,000万円

投資信託　　　　：2,000万円

死亡保険金　　　：2,000万円（受取人＝長女）

死亡退職金　　　：1,500万円（受取人＝妻）

債務および葬式費用：500万円

・2013年に健一さんから長男へ相続時精算課税制度を活用して、上場株式1,000万円を贈与した（健一さん死亡時点での時価1,200万円）。

・親族関係図は以下のとおり

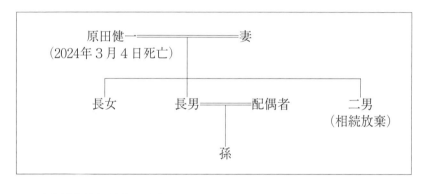

答え　ア　　　　　　　　万円　イ　　　　　　　万円

【問題81】 下記の相続事例（2024年4月5日相続開始）における相続税の課税価格の合計額として、正しいものはどれか。

〈課税価格の合計額を算出するための財産等の相続税評価額〉

土地　　　　　　　：4,000万円（小規模宅地等の特例適用後：800万円）

建物　　　　　　　：1,000万円

現預金　　　　　　：4,500万円

死亡保険金　　　　：1,500万円（生命保険金等の非課税限度額控除前）

債務および葬式費用：500万円

〈相続人関係図〉

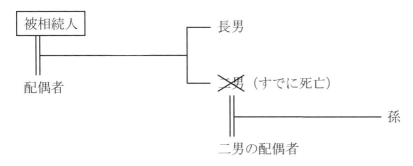

※小規模宅地等の特例の適用対象となる要件はすべて満たしており、その適用を受けるものとする。

※死亡保険金はすべて被相続人の配偶者が受け取っている。

※すべての相続人は、相続により財産を取得している。

※相続開始前に被相続人からの贈与により財産を取得した相続人はおらず、相続時精算課税制度を選択した相続人もいない。また、相続を放棄した者もいない。

1．5,800万円

2．7,300万円

3．9,000万円

4．10,500万円

答え

【問題82】　下記〈資料〉に基づき、各人の相続税の課税価格に加算される財産の価額に関する次の記述の空欄（ア）～（ウ）に入る適切な語句を語群の中から選び、その番号のみを解答欄に記入しなさい。なお、同じ語句を何度選んでもよいこととする。

〈資料〉

［親族関係図］

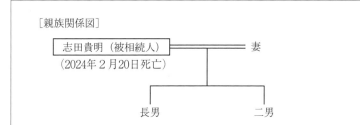

［各相続人への贈与財産］

各相続人は志田貴明さんの相続開始前に、次のとおり贈与により財産を取得している。

贈与年月日	贈与者	受贈者	財産	贈与時の価額
2022年4月1日	被相続人	妻	居住用家屋	1,200万円
2023年6月1日		長男	現金	500万円
2023年6月1日		二男	現金	500万円

※各相続人は全員、相続により財産を取得している。

※妻は、2022年4月1日の贈与については、贈与税の配偶者控除の適用を受けている。

※長男は、2023年6月1日の贈与については、その全額について「住宅取得等資金の贈与を受けた場合の贈与税の非課税」の適用を受けている。

※二男は、2023年から相続時精算課税制度を選択している。

・妻の相続税の課税価格に加算する贈与財産の合計金額は（　ア　）。

・長男の相続税の課税価格に加算する贈与財産の合計金額は（　イ　）。

・二男の相続税の課税価格に加算する贈与財産の合計金額は（　ウ　）。

─〈語群〉─────

1．ない（0円である）　　2．500万円である

3．1,000万円である　　4．1,200万円である

5．1,700万円である　　6．2,200万円である

答え	ア		イ		ウ	

【問題83】 大下さんは、各相続人の納付税額を計算する際の「配偶者に対する相続税額の軽減」について、FPで税理士でもある有馬さんに質問した。下記の空欄（ア）〜（ウ）にあてはまる語句の組み合わせとして、最も適切なものはどれか。

大下さん：「配偶者については、相続税を軽くする規定があると聞きました」

有馬さん：「配偶者に対する相続税額の軽減ですね。被相続人が死亡した後の配偶者の生活への配慮などからこの規定が設けられています」

大下さん：「対象となる配偶者との婚姻期間の制限はあるのでしょうか」

有馬さん：「被相続人と配偶者との（　ア　）」

大下さん：「どのくらい相続税額が軽減されるのでしょうか」

有馬さん：「被相続人の配偶者が遺産分割や遺贈により実際に取得した正味の遺産額が、（　イ　）または配偶者の法定相続分相当額のどちらか大きい金額までであれば、配偶者には相続税がかかりません」

大下さん：「相続税の申告期限までに配偶者に分割されていない財産も税額軽減の対象になりますか」

有馬さん：「申告期限までに分割されていない財産については、軽減の対象になりません。ただし、所定の届出を行ったうえで申告期限から（　ウ　）以内に分割された場合は、税額軽減の対象になります」

1．（ア）婚姻期間の制限はありません　　（イ）2,110万円　　　　（ウ）10ヵ月
2．（ア）婚姻期間の制限はありません　　（イ）1億6,000万円　　（ウ）3年
3．（ア）婚姻期間が20年以上あることが必要です　（イ）2,110万円
　　（ウ）3年
4．（ア）婚姻期間が20年以上あることが必要です　（イ）1億6,000万円
　　（ウ）10ヵ月

答え　　［　　　　　　］

26. 土地・建物の財産評価

出題傾向	●相続税・贈与税における土地・建物の財産評価に関する問題が出題されている。学科試験での出題も予想されるため評価方法を覚えておく。

●土地等の財産評価●

宅地	＊市街地→**路線価方式** 算式：路線価×奥行価格補正率など×地積＝自用地評価額 〈例〉 　宅地200㎡　路線価500千円　奥行価格補正率1.0 　500千円×1.0×200㎡＝100,000千円 ＊その他→**倍率方式** 算式：固定資産税評価額×倍率（倍率は国税局長が地域ごとに定める） 〈例〉固定資産税評価額10,000千円、倍率1.1の場合 　　　10,000千円×1.1＝11,000千円
貸家建付地	＊自分の土地にアパートなどの貸家を建てている場合の宅地の評価 **算式：自用地評価額×（1－借地権割合×借家権割合×賃貸割合）** （注1）借地権割合…地域によって30～90％ （注2）借家権割合…全国すべての地域が30％ 〈例〉自用地評価額100,000千円、借地権割合60％、借家権割合30％、賃貸割合100％の場合 　　　100,000千円×（1－60％×30％×100％）＝82,000千円
貸宅地	＊借地権（定期借地権等を除く）の目的となっている宅地（底地）の評価 **算式：自用地評価額×（1－借地権割合）** 〈例〉自用地評価額100,000千円、借地権割合60％の場合 　　　100,000千円×（1－60％）＝40,000千円
借地権	＊借地権の評価 **算式：自用地評価額×借地権割合** 〈例〉自用地評価額100,000千円、借地権割合60％の場合 　　　100,000千円×60％＝60,000千円

●建物の評価●

建物	**算式：固定資産税評価額×1.0（倍率）** 〈例〉建物の固定資産税評価額10,000千円の場合 　　　10,000千円×1.0＝10,000千円
貸家	＊賃貸用建物の評価 **算式：固定資産税評価額×1.0×（1－借家権割合×賃貸割合）** 〈例〉建物の固定資産税評価額10,000千円、借家権割合30％、賃貸割合100％の場合 　　　10,000千円×1.0×（1－30％×100％）＝7,000千円

【問　題】 Ａさんの所有する土地について、下記の①、②の相続税評価額を求めなさい。なお、小規模宅地等の特例については、考慮する必要はない。計算過程を示すこと。また、答えは千円単位（千円未満は切捨て）とすること。

〈設例〉

　Ａさんは、今年65歳になる。現在Ａさんは、妻Ｂが所有するマンションに妻と２人で住んでいる。一方で、Ａさんは土地（更地）を所有しているが、老後の生活や将来の相続税のことを考え、その土地に賃貸アパートを建てるかどうかを決めかねている。なお、Ａさんの家族構成と土地（更地）の状況は次のとおりである。

〈Ａさんの家族構成〉

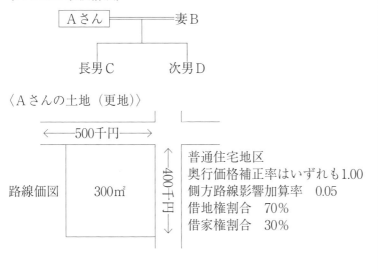

〈Ａさんの土地（更地）〉

普通住宅地区
奥行価格補正率はいずれも1.00
側方路線影響加算率　0.05
借地権割合　70％
借家権割合　30％

① この土地の更地（自用地）としての相続税評価額
②
② この土地にＡさんが賃貸アパートを建築し、賃貸割合が100％であるとした場合の土地（貸家建付地）の相続税評価額
②

①角地は次のように評価する。
イ．正面路線価（路線価に奥行価格補正率を乗じて計算した金額の高い方の路線）の奥行価格補正
　正面路線価×奥行価格補正率＝イ
ロ．側方路線影響加算額の計算
　側方路線価×奥行価格補正率×側方路線影響加算率＝ロ
ハ．評価対象地の１㎡当たりの価額
　イ＋ロ＝ハ
ニ．評価対象地の評価額
　ハ×地積

②貸家建付地＝自用地価額×（１－借地権割合×借家権割合×賃貸割合）

正解　答え　①156,000千円　②123,240千円

①（500千円×1.00＋400千円×1.00×0.05）×300㎡＝156,000千円

②156,000千円×（１－70％×30％×100％）＝123,240千円

27. 路線価方式

出題傾向	●路線価図の見方に関する基本的な問題が出題されている。

●路線価●

相続税・贈与税で土地の財産評価をする際の基礎となる価格。各地域の路線価を記録したものが路線価図で、税務署で閲覧できるほか、国税庁のホームページでも公開されている

〈路線価図（例）〉

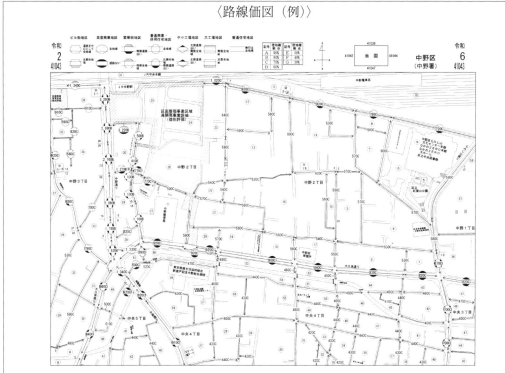

・路線価の単価＝1㎡当たりの価額を千円単位で表示している

・路線価の右隣に表示しているＡＢＣ…Ｇの記号＝借地権割合を示している

記号	A	B	C	D	E	F	G
借地権割合	90%	80%	70%	60%	50%	40%	30%

〈例〉

　　←―― 300C ――→

　普通住宅地区で1㎡当たりの路線価が300,000円、借地権割合が70％（Ｃ）であることを示している。

〈計算例〉（普通商業・併用住宅地区）

（1）一路線に面する宅地

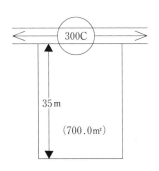

※宅地の評価

$$\underset{\text{(路線価)}}{300{,}000\text{円}} \times \underset{\substack{\text{(奥行距離35 m に応じる} \\ \text{奥行価格補正率)}}}{0.97} = \underset{\substack{\text{(1 ㎡当たり} \\ \text{の価額)}}}{291{,}000\text{円}}$$

$$\underset{\substack{\text{(1 ㎡当たり} \\ \text{の価額)}}}{291{,}000\text{円}} \times \underset{\text{(地積)}}{700\text{㎡}} = \underset{\text{(自用地の価額)}}{203{,}700{,}000\text{円}}$$

（2）二路線（正面・側方）に面する宅地

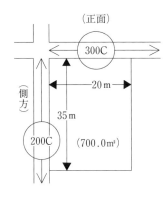

※宅地の評価

$$\underset{\text{(正面路線価)}}{300{,}000\text{円}} \times \underset{\substack{\text{(奥行距離35 m に応じる} \\ \text{奥行価格補正率)}}}{0.97} = \underset{\text{(A)}}{291{,}000\text{円}}$$

$$\underset{\text{(A)}}{291{,}000\text{円}} + (\underset{\text{(側方路線価)}}{200{,}000\text{円} } \times \underset{\substack{\text{(奥行距離20 m} \\ \text{に応じる奥行} \\ \text{価格補正率)}}}{1.00} \times \underset{\substack{\text{(側方路線影} \\ \text{響加算率)}}}{0.08}) = \underset{\substack{\text{(1 ㎡当たり} \\ \text{の価額)}}}{307{,}000\text{円}}$$

（注）路線価に奥行価格補正率を乗じた価格が高い方が正面路線価になる。

$$\underset{\substack{\text{(1 ㎡当たり} \\ \text{の価額)}}}{307{,}000\text{円}} \times \underset{\text{(地積)}}{700\text{㎡}} = \underset{\text{(自用地の価額)}}{214{,}900{,}000\text{円}}$$

（3）二路線（正面・裏面）に面する宅地

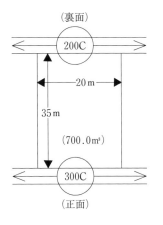

※宅地の評価

$$\underset{\text{(正面路線価)}}{300{,}000\text{円}} \times \underset{\substack{\text{(奥行距離35 m に応じる} \\ \text{奥行価格補正率)}}}{0.97} = \underset{\text{(A)}}{291{,}000\text{円}}$$

$$\underset{\text{(A)}}{291{,}000\text{円}} + (\underset{\text{(裏方路線価)}}{200{,}000\text{円} } \times \underset{\substack{\text{(奥行距離35 m} \\ \text{に応じる奥行} \\ \text{価格補正率)}}}{0.97} \times \underset{\substack{\text{(二方路線影} \\ \text{響加算率)}}}{0.05}) = \underset{\substack{\text{(1 ㎡当たり} \\ \text{の価額)}}}{300{,}700\text{円}}$$

$$\underset{\substack{\text{(1 ㎡当たり} \\ \text{の価額)}}}{300{,}700\text{円}} \times \underset{\text{(地積)}}{700\text{㎡}} = \underset{\text{(自用地の価額)}}{210{,}490{,}000\text{円}}$$

【問1】 下記の路線価図および路線価の説明に関する次の（ア）～
（エ）の記述について、正しいものには○、誤っているも
のには×を解答欄に記入しなさい。

〈資料〉

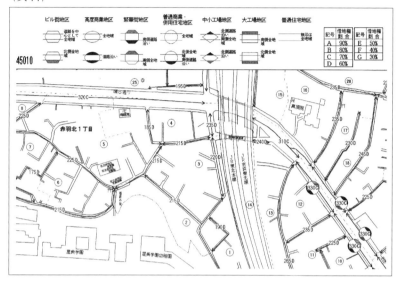

チェックポイント

（ア）地区区分の記号は、都市計画法で規定されている用途地域を表
示している。
　　①
（イ）路線に記載されている数字は、1㎡当たりの単価を千円単位で
表示している。
　　②
（ウ）路線価は、毎年7月1日を評価時点としている。
　　③
（エ）路線価に表示してある町丁目、街区番号、戸番および地番は、
すべて登記簿に記録されている所在地番を表示している。
　　④

①地区区分（ビル街地区、
高度商業地区など）は路
線価図上の表示記号であ
り、都市計画法で規定さ
れている用途地域ではな
い。

②路線価に記載されてい
る数字は、1㎡当たりの
単価を千円単位で表示し
ている。

③路線価は、毎年1月1
日を評価時点とし、7月
上旬に公表されている。

④路線価に表示している
町丁目、街区番号、戸番
および地番は住居表示地
番を表示している。登記
簿に記録されている所在
地番ではない。

正解	
（ア）	×
（イ）	○
（ウ）	×
（エ）	×

【問2】 下記〈資料〉の宅地について、路線価方式による普通借地権の評価額を求めなさい。なお、奥行価格補正率は1.0、二方路線影響加算率は0.03を使用することとする。
①　　　　　　　　　　　　　　　②

〈資料〉

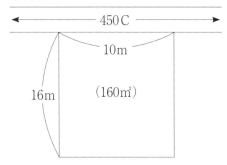

[借地権割合]

記号	借地権割合
A	90%
B	80%
C	70%
D	60%　③
E	50%
F	40%
G	30%

【問3】 山岸フミ子さんは、下記〈資料〉の土地を長男の太郎さんに使用貸借により貸し付け、太郎さんは土地の上に自宅家屋を建てて住んでいる。この土地について、路線価方式による評価額を求めなさい。なお、奥行価格補正率は1.00を使用することとする。

〈資料〉

[借地権割合]

記号	借地権割合
A	90%
B	80%
C	70%
D	60%
E	50%
F	40%
G	30%

450 C
10m
16m
（160㎡）

（注）地代の収受はないものとし、その他の条件は考慮しないものとする。

チェックポイント

①普通借地権の評価額：自用地評価額×借地権割合

②裏面路線価に二方路線影響加算率を乗じて計算する。

③借地権割合は路線価図から「D＝60%」と読み取れる。

①使用貸借の場合、自用地評価額で計算される。借地権割合は関係ない。
自用地評価額＝路線価×奥行価格補正率×地積

正解

【問2】 答え　88,668,000円
自用地評価額＝｛400千円（正面路線価）×1.0（奥行価格補正率）＋350千円（裏面路線価）
　　　　　×1.0（奥行価格補正率）×0.03（二方路線影響加算率）｝×360㎡
　　　　＝147,780千円
147,780千円×0.6＝88,668,000円

【問3】 答え　7,200万円
自用地評価額＝450千円×1.00×160㎡＝72,000千円

27. 路線価方式

チャレンジ問題 解答・解説は198ページ

【問題84】 政子さんが保有する土地は下記〈資料〉のとおりである。仮に、現時点で政子さんが死亡し、保有する土地および建物をすべて純一さんが相続した場合、この土地の相続税評価額（小規模宅地等の相続税の課税価格の計算の特例の適用前の金額）として、正しいものはどれか。なお、記載のない条件については一切考慮しないこととする。

〈資料〉

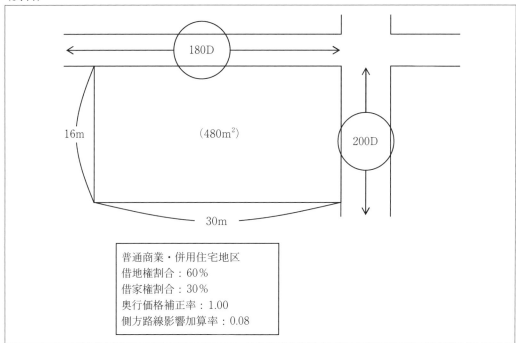

1. 61,747,200円
2. 72,038,400円
3. 102,912,000円
4. 103,680,000円

答え

172

【問題85】 下記〈資料〉の土地に係る路線価方式による普通借地権の相続税評価額の計算式として、正しいものはどれか。

〈資料〉

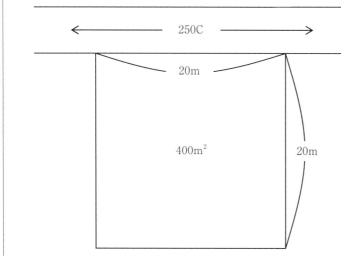

［借地権割合］

記号	借地権割合
A	90%
B	80%
C	70%
D	60%
E	50%
F	40%
G	30%

注1：奥行価格補正率　1.00

注2：借家権割合　30%

注3：その他の記載のない条件は一切考慮しないこと。

1．250,000円×1.00×400㎡

2．250,000円×1.00×400㎡×70%

3．250,000円×1.00×400㎡×（1－70%）

4．250,000円×1.00×400㎡×（1－70%×30%×100%）

答え

28. 贈与税の計算

出題傾向	●次項の「相続時精算課税制度」とセットで、出題されることがある。基本的な計算はできるようにしておきたい。

●**贈与税（歴年課税）の計算方法**●

贈与税額＝（課税価格 － 基礎控除）×税率

1年以内に贈与を受けた合計	110万円

〔贈与税の税額速算表〕（A）×（B）－（C）

基礎控除後の課税価格（A）		①一般税率（一般財産用）		②特例税率（特例贈与財産用）	
		税率（B）	控除額（C）	税率（B）	控除額（C）
	200万円以下	10%	－	10%	－
200万円超	300万円以下	15%	10万円	15%	10万円
300万円超	400万円以下	20%	25万円		
400万円超	600万円以下	30%	65万円	20%	30万円
600万円超	1,000万円以下	40%	125万円	30%	90万円
1,000万円超	1,500万円以下	45%	175万円	40%	190万円
1,500万円超	3,000万円以下	50%	250万円	45%	265万円
3,000万円超	4,500万円以下	55%	400万円	50%	415万円
4,500万円超				55%	640万円

①**一般税率**の速算表は、「特例贈与財産用」に該当しない場合の贈与税の計算に使用
（例）**夫婦間の贈与**、兄弟間の贈与、親から子への贈与で子が未成年者の場合など
②**特例税率**の速算表は、直系尊属（祖父母や父母など）から、贈与を受けた年の1月1日現在で**18歳以上の子・孫**などへの贈与税の計算に使用

●**贈与税の配偶者控除**●

内容	配偶者から居住用不動産またはその購入資金を贈与された場合、贈与税の課税価格から110万円の基礎控除とは別枠で、**2,000万円を控除できる**
要件	・**婚姻期間が20年以上であること**（同一の配偶者については一生に一度しか利用できない）。贈与税がゼロであっても申告が必要

●**教育資金の一括贈与に係る非課税制度**●

内容	直系尊属から教育資金を贈与された場合、**1,500万円**（学校等以外の者に支払われたものは500万円が限度）までを非課税とする
要件・手続き	・贈与者：父母、祖父母等の直系尊属、受贈者：**30歳未満の子、孫等**（注1） ・手続き：受贈者名義の金融機関の口座等に、教育資金を一括拠出 ・受贈者が30歳になったとき等に残額があれば原則として贈与税を課税（注2） ・贈与者死亡時に残額があれば、すべての残高が相続税の対象。ただし、次のいずれかに該当する場合は対象外（課税価格の合計額が5億円を超える場合を除く）。①23歳未満である場合、②学校に在学している場合、③教育訓練給付金の支給対象となる教育訓練を受講している場合。

●**結婚・子育て資金の一括贈与に係る非課税制度**●

内容	直系尊属から結婚・子育て資金を贈与された場合、**1,000万円**（結婚費用は300万円）までを非課税とする
要件・手続き	・贈与者：父母、祖父母等の直系尊属、受贈者：**18歳以上50歳未満の子、孫等**（注1） ・手続き：受贈者名義の金融機関の口座等に、結婚・子育て資金を一括拠出 ・受贈者が50歳になったとき等に残額があれば贈与税を課税（注2）

（注1）贈与の年の前年の合計所得金額が1,000万円以下であること
（注2）2023年4月1日以後に取得する信託受益権等については、特例税率ではなく一般税率を適用

【問1】　2024年1月に、山本加代子さんは夫の由紀雄さんから居住用財産（財産評価額2,300万円）の贈与を受けた。加代子さんは贈与税の配偶者控除の特例の適用を受けられるものとし、本年はほかに贈与を受けないものとした場合、贈与税額はいくらか。

〈贈与税の速算表〉（一般税率）〜一部抜粋〜

基礎控除後の課税価格		税率	控除額
	200万円以下	10%	－
200万円超	300万円以下	15%	10万円
300万円超	400万円以下	20%	25万円
400万円超	600万円以下	30%	65万円
600万円超	1,000万円以下	40%	125万円
1,000万円超	1,500万円以下	45%	175万円

【問2】　「贈与税の配偶者控除」に関する次の文章の空欄①〜③に入る最も適切な語句または数値を、下記の語句群のなかから選びなさい。

「贈与税の配偶者控除」の適用を受けるための要件の1つとして、贈与時点の婚姻期間が（　①　）年以上あることが挙げられ、Aさん夫婦の場合、この要件を満たしている。なお、「贈与税の配偶者控除」は、一定の要件を満たす居住用不動産そのものの贈与だけでなく、居住用不動産を取得するための金銭で、その金銭の贈与を受けた年の翌年3月15日までに居住用不動産の取得に充て、かつ、取得した居住用不動産を3月15日までに（　②　）の居住の用に供し、その後も引き続き居住の用に供する見込みであるものも対象となる。

　また、相続税との関係では、相続により財産を取得した配偶者が、相続の開始前3年以内に被相続人から贈与を受け、その贈与について「贈与税の配偶者控除」の適用を受けていた場合、その適用を受けた配偶者控除額相当額は、相続財産への加算対象と（　③　）。

――〈語句群〉―――
10　　20　　25　　贈与者　　受贈者　　なる　　ならない

29. 相続時精算課税制度

出題傾向	●適用対象者、非課税枠といった制度概要を住宅取得の場合と比較して、押さえておきたい。

●相続時精算課税制度●

適用対象者	・贈与者：贈与した年の１月１日で**60歳以上**の親、祖父母 ・受贈者：贈与した年の１月１日で**18歳以上**の子、孫
適用手続き	最初の贈与を受けた年の翌年２月１日〜３月15日に届出を行う
適用対象財産	贈与財産の種類、金額、**贈与回数**には制限を設けない
贈与税の計算	・非課税枠（特別控除）：累積**2,500万円**（一生涯、複数年にわたって利用可） ・税額計算：{（１年間の贈与額−年間110万円の基礎控除）の合計額−2,500万円の特別控除}×**20%** (注)同一の贈与者からの相続時精算課税と暦年贈与（110万円非課税）の併用はできないが、2024年１月１日以降は、2,500万円の特別控除とは別枠で毎年110万円まで課税されない
相続税の計算	・本制度の適用を受けた贈与財産が**贈与時の価額**で相続財産に加算され、相続税が計算される ・本制度により納めた贈与税があれば、相続税から控除し、控除しきれない場合は還付される

●住宅取得等資金の贈与を受けた場合の相続時精算課税選択の特例●

概　要	相続時精算課税制度については、一定の住宅の取得や増改築に限り、60歳未満の親等からの贈与についても適用される
適用対象者	・贈与者：親、祖父母（**60歳未満でも可**） ・受贈者：贈与した年の１月１日で**18歳以上**の子、孫
非課税枠	**2,500万円**（「直系尊属から住宅取得等資金の贈与を受けた場合の非課税制度」（下記参照）と併用可）
適用期限	2026年12月31日までの間に贈与により取得した住宅取得等資金に適用（上記の「相続時精算課税制度」自体は永久的措置）

●直系尊属から住宅取得等資金の贈与を受けた場合の非課税制度●

内　容	直系尊属から住宅購入資金を贈与された場合、贈与税の課税価格から相続時精算課税制度の2,500万円や基礎控除110万円とは別枠で下記控除を受けることができる。 ＊2026年12月までの贈与の場合：**一般住宅500万円。省エネ等良質な住宅の場合は1,000万円。**
要　件	贈与者：親、祖父母等の直系尊属 受贈者：18歳以上で合計所得金額2,000万円以下 床面積：50㎡以上240㎡以下。ただし、**18歳以上で、合計所得金額が1,000万円以下の場合は40㎡以上240㎡以下。**

チェックポイント

【問　題】　高梨亮太さん（30歳）は、2024年中に、父親と祖父から下記〈資料〉の贈与を受けた。高梨さんの2024年分の贈与税額として、正しいものはどれか。なお、父親からの贈与については相続時精算課税制度を適用する（適用要件は満たしている）ものとし、祖父からの贈与については適用しないものする。また、これまでに相続時精算課税制度の適用を受けたことはないものとする。

〈資料〉
・2024年５月に父親（66歳）から贈与を受けた金銭の額：2,710万円①
・2024年５月に祖父（88歳）から贈与を受けた金銭の額：　150万円②

※2024年中に上記以外の贈与はないものとする。
※贈与を受けた財産は、住宅取得等資金に係るものではないものとする。

〈贈与税の速算表〉（特例贈与財産用・一部抜粋）

基礎控除後の課税価格	税率	控除額
〜　200万円以下	10%	－
200万円超〜　400万円以下	15%	10万円
400万円超〜　600万円以下	20%	30万円
600万円超〜1,000万円以下	30%	90万円
1,000万円超〜1,500万円以下	40%	190万円
1,500万円超〜3,000万円以下	45%	265万円

1．140,000円
2．240,000円
3．280,000円
4．350,000円

①相続時精算課税制度の適用を受けると、特別控除2,500万円を超えた部分に対し、一律20％の税率で課税される。なお、相続時精算課税における毎年の基礎控除（110万円）は、2024年１月１日以降の贈与に適用される。
（2,710万円－110万円－2,500万円）×20％＝20万円（A）

②暦年課税では、基礎控除110万円控除後の金額に対し、超過累進税率で課税される。
（150万円－110万円）×10％＝4万円（B）

A＋B＝24万円

正解	2

チャレンジ問題〔解答と解説〕

【問題1】　正解　（ア）○　（イ）×　（ウ）○　（エ）○

（ア）適切。保険募集人の登録をしていないＦＰは、保険募集はできないが、一般的な商品説明を行うことはできる。

（イ）不適切。投資助言・代理業の登録をしていないＦＰが、具体的な投資時期や金額についての助言を行うことは、金融商品取引法に抵触する。

（ウ）適切。仮定の事例に基づいて納税額の計算方法を説明することは、税理士資格を有していなくても問題はない。

（エ）適切。公的年金制度の改正に関する質問への回答は、社会保険労務士資格を有していなくても問題はない。

【問題2】　正解　（ア）2　（イ）7　（ウ）5

　正解のとおり。

【問題3】　正解　3

1．2．4．適切。記述のとおり。

3．不適切。設問の内容は、消費者契約法ではなく、金融サービス提供法の内容である。

【問題4】　正解　（ア）×　（イ）×　（ウ）○

（ア）不適切。金融サービス提供法は、預貯金、信託商品、保険、債券、株式、投資信託等の幅広い金融商品を適用対象としており、外国為替証拠金取引（FX）や金融先物・デリバティブ取引も適用対象としている。ただし、海外商品先物取引は適用対象となっているが、国内商品先物取引は対象外である。

（イ）不適切。金融サービス提供法では、金融商品販売業者が金融商品の販売に際して、顧客に重要事項を説明しなかったことにより顧客に損害が生じた場合、顧客は契約の取消しではなく、損害賠償請求ができる。

（ウ）適切。重要事項について説明を要しない旨の顧客の意思の表明があった場合は、金融商品販売業者等に対して重要事項の説明義務は適用されない。

【問題5】　正解　2

　ファイナンシャル・プランニング・プロセスは6つのステップで構成されている。

第1ステップ：顧客との関係確立とその明確化（設問の（エ）に該当）

第2ステップ：顧客データの収集と目標の明確化（設問の（ウ）に該当）

第3ステップ：顧客のファイナンス状態の分析と評価（設問の（ア）に該当）

第4ステップ：プランの検討・作成と提示

第5ステップ：プランの実行援助（設問の（イ）に該当）

第6ステップ：プランの定期的見直し

【問題6】　正解　4
1．2．3．適切。
4．不適切。企業系ＦＰが悩むところの問題であるが、顧客の立場にたって、勧めるべき商品が自社商品の中にない場合はその旨を顧客に伝えるべきである。

【問題7】　正解（第3番目）Ｆ　（第4番目）Ｄ
＊ファイナンシャル・プランニングの6ステップは、①顧客との関係確立とその明確化、②顧客データの収集と目標の明確化、③顧客のファイナンス状態の分析と評価、④プランの検討・作成と提示、⑤プランの実行援助、⑥プランの定期的見直し、の順である。

【問題8】　正解　13,454,000円
複利運用して目標額とするためには、今いくらの元金が必要かを求める場合には、現価係数を使用する。
1,400万円×0.961（年利1％、期間4年の現価係数）＝13,454,000円

【問題9】　正解　10,569,120円
毎年一定額を積み立てると、将来いくらの元利合計額になるかを求める場合には、年金終価係数を使用する。
48万円×22.019（年利1％、期間20年の年金終価係数）＝10,569,120円

【問題10】　正解　595,000円
将来の目標額を達成するための毎年の積立額を求める場合には、減債基金係数を使用する。
1,700万円×0.035（年利1％、期間25年の減債基金係数）＝595,000円

【問題11】　正解　18,100,000円
現価係数を使う。
2,000万円×0.905（年利1％、期間10年の現価係数）＝18,100,000円

【問題12】　正解　16,097,000円
年金終価係数を使う。
100万円×16.097（年利1％、期間15年の年金終価係数）＝16,097,000円

【問題13】　正解　1,100,000円
住宅借入金の元利均等返済額を求める場合には、資本回収係数を使用する。
2,000万円×0.055（年利2％、期間20年の資本回収係数）＝1,100,000円

【問題14】　正解　960,000円
減債基金係数を使う。
1,000万円×0.096（年利1％、期間10年の減債基金係数）＝960,000円

【問題15】　正解　22,023,000円

　毎年一定額を受け取るための原資（元金）を求める場合には、年金現価係数を使用する。

　100万円×22.023（年利1％、期間25年の年金現価係数）＝22,023,000円

【問題16】　正解　2,220,000円

　手持ちの資金を複利運用しながら、毎年均等に受け取ることができる金額を求める場合には、資本回収係数を使用する。

　2,000万円×0.111（年利2％、期間10年の資本回収係数）＝2,220,000円

【問題17】　正解　①ハ　②ヘ　③チ

① 老齢厚生年金は、現在、支給開始年齢の引き上げが進行中である。男性の場合、1953年4月1日生まれの人までは60歳から「報酬比例部分」が支給されていたが、1953年4月2日以降生まれの人は、3年ごとに1歳ずつ支給開始年齢が引き上げられて、1961年4月2日以降生まれの人からは、65歳から老齢厚生年金（報酬比例部分）が支給される。設問のAさんは、1961年10月生まれなので、65歳からの支給となる。

②③厚生年金保険の被保険者期間が20年（240月）以上ある人などが、定額部分や老齢基礎年金の支給開始年齢に達した時点（1949年4月2日以降生まれの人は65歳）で、その人に生計を維持されている65歳未満の老齢年金等の受給権のない配偶者がいる場合、老齢厚生年金に「加給年金額」が加算される。配偶者が65歳になると、加給年金額の支給は打ち切られるが、このとき配偶者が老齢基礎年金を受けられる場合には、一定の基準により配偶者の老齢基礎年金に「振替加算」（設問の□□□部分）が加算される。なお、振替加算は1966年4月2日以降生まれの人には加算されない。

【問題18】　正解　3

　被保険者記録照会（資格・納付Ⅲ）により真紀さんの母親の杉山慶子さんは国民年金保険料を納付した月が332ヵ月、保険料全額免除された月が36ヵ月、保険料半額免除された月が24ヵ月ということが読み取れる。2009年3月以前の全額免除期間は1／3の期間、半額免除期間は2／3の期間が年金額に反映される。

　したがって、老齢基礎年金額は下記のとおりである。

$$816,000円 \times \frac{332月 + 36月 \times 1／3 + 24月 \times 2／3}{480月} = 612,000円$$

【問題19】　正解　（ア）×　（イ）×　（ウ）○

（ア）誤り。65歳前に支給を受けることができる特別支給の老齢厚生年金は、老齢基礎年金の受給資格があり、かつ厚生年金保険に1年以上加入していれば受給できる。女性の場合、1960年4月2日生まれ～1962年4月1日生まれの人（和子さんが該当）は、62歳から報酬比例部分相当の特別支給の老齢厚生年金を受給することができる。この受給権は、62歳の誕生日の前日に発生し、年金請求は、受給権が発生してから手続きをすることができる。

（イ）誤り。年金を受ける権利は、権利が発生してから5年を経過したときは、5年より前の部分は時効によって消滅する。したがって、和子さんが68歳時に年金を請求した場合、さかのぼって受給できる年金は請求前の5年間分である。なお、年金記録の訂正により年金が増額した場合

は、時効により消滅した分を含めて全額支給される。

（ウ）正しい。年金は、原則として年6回、偶数月に前2ヵ月分ずつが支払われる。

【問題20】　正解　（ア）2　（イ）6　（ウ）8

老齢厚生年金の配偶者加給年金額は、年金額の計算の基礎となる被保険者期間が原則として「20年以上」ある場合、受給権取得当時などに受給権者によって生計を維持していた「65歳」未満の配偶者があるときに加算される。

配偶者加給年金額は234,800円であるが、「受給権者」の生年月日に応じた特別加算がある。1943年4月2日以降生まれの場合、特別加算は173,300円であるので、配偶者加給年金額は合計で408,100円となる（2024年度価額）。

【問題21】　正解　4

年金制度改正により、60歳台前半の在職老齢年金の支給停止額も、2022年4月1日から60歳台後半と同じく「（基本月額＋総報酬月額相当額－50万円）×1／2」となった。賞与については考慮しないとあるため、総報酬月額相当額＝標準報酬月額として、基本月額90,000円＋総報酬月額相当額260,000円＝350,000円

350,000円≦500,000円

よって支給停止額はなく、基本月額をそのまま受給できる。

【問題22】　正解　（ア）1　（イ）9　（ウ）6　（エ）4

哲也さんが在職中に死亡した場合、妻の陽子さんが受け取ることができる公的年金の遺族給付の額は、遺族基礎年金(＋子の加算額)と遺族厚生年金である。

＜イメージ図＞

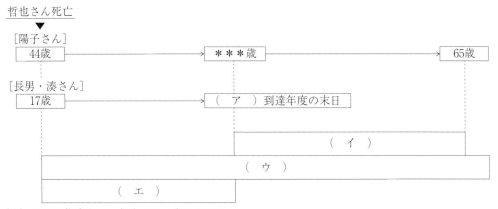

（注）問題の作成上、一部を＊＊＊としている。

・遺族基礎年金は、老齢基礎年金の満額（816,000円＝新規裁定者の2024年度価額。以下同様）に相当する基本額と、子どもの数による加算（子ども1人目・2人目は1人につき234,800円、3人目以降は1人につき 78,300円が加算される）で、年金額が決まる。

夫哲也さん死亡時の（エ）遺族基礎年金（子の加算1人分）の額は、遺族基礎年金816,000円＋子の加算額234,800円×1人分＝1,050,800円となる。

長男の湊さんが（ア）18歳到達年度の末日を迎えた時点で、遺族基礎年金の支給は打ち切られる。

その代わり、子どもが18歳到達年度の末日を過ぎた時点で、妻が40歳以上であれば、40歳から65歳になるまでの間、（イ）中高齢寡婦加算が加算される。ただし、遺族基礎年金を受給している間は、支給停止される。

なお、65歳以降、1956年４月１日以前生まれの妻には、中高齢寡婦加算に代えて、経過的寡婦加算（生年月日に応じた額）が加算される。

・（ウ）遺族厚生年金の年金額は、哲也さんの報酬比例部分の年金額の４分の３相当額である。

【問題23】　正解　3

設問の場合、幸枝さんが受給できる遺族給付を時系列（65歳まで）で図示すると、次のようになる。

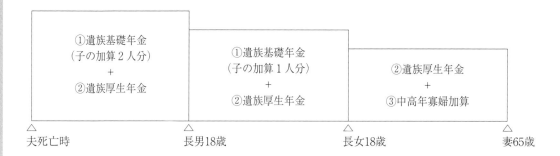

1．誤り。優介さんの死亡時点において、幸枝さんが受給できる遺族年金の額は「816,000円＋234,800円×２人＋490,000円＝1,775,600円」である。

2．誤り。優也さんが18歳に到達した日以後最初の３月31日を終了すると、幸枝さんが受給できる遺族年金の額は「816,000円＋234,800円＋490,000円＝1,540,800円」である。

3．正しい。美幸さんが18歳に到達した日以後最初の３月31日を終了すると、幸枝さんが受給できる遺族年金の額は「490,000円＋612,000円＝1,102,000円」である。

4．誤り。中高齢寡婦加算（612,000円）は、65歳になるまで受給できる。

【問題24】　正解　2

＜65歳以後の遺族厚生年金の額＞

①または②のどちらか高い方となる。

　①65歳前の遺族厚生年金と同額：90万円

　②65歳前の遺族厚生年金と同額×２／３＋65歳からの老齢厚生年金の額×１／２：

　　90万円×２／３＋50万円×１／２＝85万円

　①＞②　したがって、90万円

＜65歳以後の老齢年金と遺族厚生年金との支給調整＞

・老齢厚生年金と老齢基礎年金は全額支給。

・遺族厚生年金は、老齢厚生年金相当額が支給停止され、老齢厚生年金を上回る額が支給される。

　したがって、「90万円－50万円＝40万円」

・和代さんに支給される老齢年金と遺族厚生年金の合計額は、

70万円（老齢基礎年金）＋50万円（老齢厚生年金）＋40万円（遺族厚生年金）＝160万円

【問題25】　正解　4

○高額療養費

1ヵ月（同じ月内）に支払った医療費の自己負担額を合算し、自己負担限度額を超えた場合は、申請することで、自己負担限度額を超えた額が「高額療養費」として払い戻される。

●剛さんのケース

①窓口での自己負担額21万円＝総医療費×3割

→総医療費＝21万円÷3割＝700,000円

②剛さんの標準報酬月額は34万円であり、自己負担限度額の所得区分は資料の「標準報酬月額28～50万円」に該当し、自己負担限度額は『80,100円＋（総医療費－267,000円）×1％』で計算する。

剛さんの自己負担限度額＝80,100円＋（総医療費700,000円－267,000円）×1％

＝84,430円

したがって、高額療養費＝窓口負担額－自己負担限度額

＝210,000円－84,430円＝125,570円

【問題26】　正解　（ア）5　（イ）9　（ウ）1

正解のとおり。

従来、厚生年金保険・健康保険（社会保険）の加入対象者は、設問の表の要件①に該当する人（一般的に週30時間以上働く人）だったが、2016年10月からは、被保険者が常時501人以上の会社で働く要件②に該当する人にも対象が広がった。さらに、2017年4月からは、被保険者が常時500人以下の会社で働く人も、労使で合意すれば、会社単位で社会保険に加入できるようになった。

2022年10月からの改正では、被保険者の総数が常時101人以上になり、雇用期間は2ヵ月を超えて見込まれることが要件として追加された。さらに2024年10月からの改正では、被保険者の総数が常時51人以上になる。

なお、被保険者には短時間労働者は含まない。

【問題27】　正解　（ア）3　（イ）4　（ウ）8　（エ）10

（ア）について

退職前の健康保険に任意継続被保険者として加入する場合、任意継続被保険者の保険料は、資格喪失時の標準報酬月額に応じて計算され、その（ア）3．全額が本人負担となる。

なお、協会けんぽの場合、退職時の標準報酬月額が30万円を超えていた場合は、標準報酬月額は30万円となる。

（イ）について

国民健康保険の加入手続きは、原則として退職日の翌日から14日以内に住所地の（イ）4．市区町村で資格取得の届出が必要になる。

なお、国民健康保険には、被扶養者（扶養される者）といった制度はなく、同一世帯内の誰かに国民健康保険の加入義務が発生したら、その世帯主の加入保険に関わらず、その世帯主が加入

手続きをし、保険料を納付することになる。

（ウ）（エ）について

　晴美さんが加入する健康保険に被扶養者として加入する場合には、年収の条件がある。

　60歳未満で同居の場合：年収が（ウ　8．130万円）未満、かつ、原則として被保険者の年収の（エ　10．2分の1）未満であることが条件。

　なお、被扶養者として認定されるには、主として被保険者の収入により生計を維持されていることが必要である。

　認定については、次の（ａ）または（ｂ）の基準により判断する。

（ａ）被保険者と同一世帯に属している場合

　　年収が130万円未満（対象者が60歳以上または障害厚生年金を受けられる程度の障害者の場合は180万円未満）であって、かつ、被保険者の年間収入の2分の1未満であること

（ｂ）被保険者と同一世帯に属していない場合

　　年収が130万円未満（認定対象者が60歳以上またはおおむね障害厚生年金を受けられる程度の障害者の場合は180万円未満）であって、かつ、被保険者からの援助による収入額より少ないこと

【問題28】　正解　4

「育児・介護休業法による満3歳未満の子を養育するための育児休業等期間に係る健康保険・厚生年金保険の保険料は、（ア　事業主）が育児休業等取得者申出書を日本年金機構（事務センターまたは年金事務所）へ提出することにより、（イ　被保険者・事業主の両方の負担分）が免除されます。保険料の免除期間は、育児休業等を開始した日の属する月から、育児休業等が終了する日の翌日が属する月の前月までとなります。なお、この免除期間は、将来、被保険者の年金額を計算する際は、（ウ　保険料を納めた期間）として扱われます。」

　産前産後休業期間や育児休業等期間取得により厚生年金保険の保険料が免除された期間については、保険料納付済期間として扱われ、将来の老齢基礎年金や老齢厚生年金の年金額の計算時に反映される。

　2022年10月1日以降に開始した育児休業等については、育児休業等開始日が含まれる月に14日以上、育児休業等を取得した場合も免除となる。

【問題29】　正解　2

　2．の語句の組み合わせが正しい。

　なお、傷病手当金の支給については、2022年1月1日以降、通算して1年6ヵ月になった。

【問題30】　正解　3

　傷病手当金は、業務外の事由による病気やケガの療養のため仕事を休んだ日から連続して3日間（待期）の後、4日目以降の仕事に就けなかった日に対して支給される（通算最長1年6ヵ月）。傷病手当金は、1日につき被保険者の標準報酬日額（標準報酬月額の30分の1に相当する額）の3分の2に相当する額（1円未満四捨五入）が支給される。

　設問の場合、傷病手当金が支給される日数は4日なので、支給額は、

360,000円÷30×2／3×4日＝32,000円

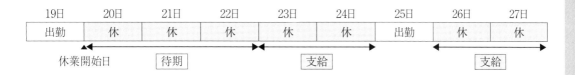

19日	20日	21日	22日	23日	24日	25日	26日	27日
出勤	休	休	休	休	休	出勤	休	休

休業開始日　　　　待期　　　　　　　　支給　　　　　　　　支給

【問題31】　正解　　3

　英雄さんが３月31日に退職し、ハローワークで求職の申込みをした場合、求職の申込みを行った日（受給資格決定日）から通算して７日間を待期期間といい、その期間が満了するまでは雇用保険の基本手当は支給されない。これは、離職の理由等にかかわらず一律に適用される。待期期間の満了後に、自己都合退職などの場合は、最長２ヵ月の給付制限期間があって基本手当の支給が行われないが、設問のように特定受給資格者（＝会社都合退職）の場合、この給付制限期間はない。

　なお、2020年10月１日以降に自己都合退職した場合、５年間のうち２回までは給付制限期間が２ヵ月となる。

　英雄さんの場合、22歳からＭＲ社に勤務し52歳で退職するので、雇用保険の被保険者期間は20年以上となり特定受給資格者なので、基本手当の所定給付日数は330日である。

　基本手当の支給を受けるためには、原則として、４週間に１回ハローワークに来所して、失業の認定（失業状態にあることの確認）を受けなければならない。

【問題32】　正解　　1

　１．の語句の組み合わせが正しい。なお、高年齢雇用継続給付の給付金は、2025年４月から10％に縮小される。

【問題33】　正解　（ア）○　（イ）○　（ウ）○　（エ）×

　労災保険が適用される通勤災害とは、労働者が通勤により被った負傷、疾病、障害または死亡をいうが、この場合の「通勤」とは、労働者が、就業に関し、次の①～③に掲げる移動を合理的な経路及び方法により行うことをいい、業務の性質を有するものを除くものとされている。労働者が、移動の経路を逸脱し、または移動を中断した場合には、逸脱または中断の間およびその後の移動は通勤とはされない。ただし、逸脱または中断が「日常生活上必要な行為であって厚生労働省令で定めるもの」をやむを得ない事由により行うための最小限度の範囲で行う場合は、逸脱または中断の間を除き通勤とされる。

　　①住居と就業の場所との間の往復

　　②複数就業者の事業場間の移動

　　③単身赴任者の赴任先住居と帰省先住居の間の移動

（ア）適切。自宅から会社へ向かう途中、風邪の治療のため病院に立ち寄った後、通常の経路に戻ったところで転倒して負傷したときは、通勤災害と認められる。

（イ）適切。自宅から会社へ向かう途中、選挙権の行使のため投票所に立ち寄った後、通常の経路に戻ったところで転倒して負傷したときは、通勤災害と認められる。

（ウ）適切。会社から自宅に帰る途中、夕食の買物のためスーパーマーケットに立ち寄った後、通常の経路に戻ったところで転倒して負傷したときは、通勤災害と認められる。

（エ）不適切。会社から自宅に帰る途中、友人と映画館に立ち寄った後、通常の経路に戻ったところで

転倒して負傷したときは、通勤災害と認められない。

【問題34】　正解　（ア）1　（イ）5　（ウ）5　（エ）5

正解のとおり。

【問題35】　正解　3

「＜資料＞福岡家の住宅ローンの償還予定表」によれば、244回返済後の住宅ローン残高は11,636,979円である。ここで、200万円（以内）の期間短縮型の繰上げ返済を行うと、残高は、11,636,979円－200万円＝9,636,979円（以上）となる。償還予定表の残高で9,636,979円以上で一番近い残高は266回の9,697,065円である。

したがって、返済期間は266回－244回＝22回→1年10ヵ月短縮されることになる。

【問題36】　正解　224（万円）

> 将来の金額＝現在の金額×（1＋変動率）^{経過年数}

現在の金額が220万円で、キャッシュフロー表上で年間基本生活費の変動率が1％のため、将来の金額は220万円×（1＋0.01）^{2}＝224.422万円→224万円となる。

【問題37】　正解　1,620（万円）

> 金融資産残高＝前年末の金融資産残高×（1＋変動率）±当年の年間収支

よって、金融資産残高は、1,875万円×（1＋0.01）－274万円＝1,619.75万円→1,620万円となる。

【問題38】　正解　1,497（万円）

まず、1年後の金融資産残高は、2,682万円－1,005万円＝1,677万円である。次に【問題36】を用いると、2年後の「支出合計」は347万円、「年間収支」は－197万円となる。よって2年後の金融資産残高は、1,497万円（＝1,677万円×（1＋1％）－197万円）となる。

【問題39】　正解　15,170（万円）

純資産は次の計算式で計算する。

> 純資産＝資産合計－負債合計

〈資産合計〉①～⑭の合計＝20,000万円

【金融資産】・秀雄さん名義：5,600万円…①　　・恵美さん名義：1,110万円…②

【事業用資産（不動産以外）】・売掛金・受取手形：550万円…③

　　　　　・棚卸資産（商品在庫等）：260万円…④　・その他の事業用資産：420万円…⑤

【生命保険（解約返戻金相当額）】・終身保険C：360万円…⑥　・終身保険D：510万円…⑦

　　　　　・個人年金保険E：500万円…⑧　・個人年金保険F：800万円…⑨

【不動産】・土地（自宅敷地）：2,880万円…⑩　・家屋（自宅家屋）：460万円…⑪

　　　　　・事業用不動産：6,200万円…⑫

【動産・その他の資産】・秀雄さん名義：250万円…⑬　・恵美さん名義：100万円…⑭

〈負債合計〉⑮～⑱の合計＝4,830万円

【事業用負債】・買掛金・支払手形：330万円…⑮　・手形借入：840万円…⑯

・証書借入：2,650万円…⑰

【住宅ローン】・秀雄さん名義：1,010万円…⑱

〈純資産〉20,000万円〈資産合計〉－4,830万円〈負債合計〉＝15,170万円

【問題40】　正解　3

（ア）8,900,000円

（イ）減価償却費＝1,680,770円

（ウ）2022年中の借入金（元本）の返済額＝1,800,000円

　　キャッシュフローの金額＝（ア）＋（イ）－（ウ）＝8,780,770円

【問題41】　正解　3

1．不適切。国民年金基金の掛金は原則68,000円だが、個人型確定拠出年金などに重複して加入している場合には、両方の掛金を合算した金額が月額68,000円となる。

2．不適切。国民年金基金に加入できるのは、第1号被保険者のみである。ただし、保険料の免除制度を受けている第1号被保険者や、付加保険料を納付している第1号被保険者は加入できない。

3．適切。記述のとおり。

4．不適切。国民年金基金の年金額は、口数制により年金額が決まる、確定給付型である。

【問題42】　正解　（ア）2　（イ）4　（ウ）8

正解のとおり。

【問題43】　正解　3

　秀雄さんの生年月日が1965年8月28日で、老齢基礎年金の受給権を満たし、厚生年金保険に1ヵ月以上の加入歴があるので、65歳から老齢厚生年金が支給される。なお、秀雄さんが厚生年金保険に加入した期間が約6年間であるため、加給年金額（厚生年金加入期間が原則20年必要）は支給されない。

【問題44】　正解　8,610（万円）

　純資産額は、「資産－負債」で計算することができる。

《資産》①＋②＋③＋④＝9,810万円

　○金融資産

　　→預貯金等2,600万円（健夫さん）＋預貯金等400万円（幸子さん）＋株式30万円（健夫さん）＋株式230万円（幸子さん）＋投資信託520万円（健夫さん）＋投資信託250万円（幸子さん）＝4,030万円…①

　○生命保険（解約返戻金相当額）

　　→540万円（終身保険A）＋480万円（終身保険C）＋360万円（養老保険D）＝1,380万円…②

　○不動産

　　→2,400万円（自宅敷地：土地…健夫さん）＋600万円（自宅：建物…健夫さん）＋800万円（自宅敷地：土地…幸子さん）＋200万円（自宅：建物…幸子さん）＝4,000万円…③

○その他（動産等）→200万円（健夫さん）＋200万円（幸子さん）＝400万円…④

《負債》⑤＋⑥＝1,200万円

　　○住宅ローン→740万円（健夫さん）＋340万円（幸子さん）＝1,080万円…⑤

　　○自動車ローン→120万円（健夫さん）…⑥

《資産》9,810万円－《負債》1,200万円＝《純資産》8,610万円

【問題45】　正解　4

給与所得の金額＝（ＬＹ株式会社からの給与収入55万円＋ＣＺ株式会社からの給与収入80万円）－給与所得控除額55万円（給与所得控除額の速算表より）＝80万円

【問題46】　正解　2

贈与税の配偶者控除は、居住用不動産やその取得資金の贈与を対象としたものであり、本ケースでは適用は受けられない。

課税価格＝開業資金300万円（健夫さんから幸子さんに贈与）－贈与税基礎控除額110万円＝190万円

贈与税額＝課税価格190万円×税率10％（贈与税の速算表より）＝19万円

【問題47】　正解　3

「解約返戻金相当額である480万円が相続税の課税対象となります。」が適切。

終身保険Ｃの契約者は健夫さん、被保険者が幸子さん、死亡保険金受取人は健夫さんである。契約者と被保険者が異なる生命保険契約では、契約者が保険期間中に死亡した場合、新しく契約者となった人が生命保険契約の権利を引き継ぐことになる。このため、契約者が死亡した時点で、「生命保険契約に関する権利」として評価された金額が相続税の課税対象となる。生命保険契約に関する権利の評価は相続開始の時においてその契約を解約するとした場合に支払われることとなる解約返戻金の額による。

なお、被相続人が生命保険の契約者、被保険者になり、死亡保険金の受取人を相続人した場合、「500万円×法定相続人の数」までの金額は相続税がかからない（非課税）という税法上のメリットがあるが、「生命保険契約に関する権利」についてはこの規定の適用がない。

【問題48】　正解　（ア）1／8　（イ）1／4

遺留分とは、一定の相続人のために、相続に際して、法律上取得することを保障されている相続財産の一定の割合のことであり、被相続人の生前の贈与または遺贈でも奪われることのないものである。遺留分を侵害された相続人は、遺留分減殺請求を行使することで、遺言によって侵害された自らの権利を取り戻すことができる。

遺留分の全体の割合は、1／2（相続人が直系尊属のみの場合は1／3）であり、各人の遺留分は1／2（1／3）×各人の法定相続分となる。

●遺留分割合について

　1次相続時の遺留分：配偶者＝1／2×1／2＝1／4、

　　　　　　　　　　　　子＝1／2×1／4（美紀さん、雅夫さん）＝1／8

　2次相続時の遺留分：子＝1／2×1／2（美紀さん、雅夫さん）＝1／4

【問題49】　正解　661,610円

［報酬比例部分の年金額の計算式］（2024年度）

A：平均標準報酬月額260,000円×7.125／1,000×2003年3月以前の被保険者期間の月数164月＝
　303,810円

B：平均標準報酬額340,000円×5.481／1,000×2003年4月以後の被保険者期間の月数192月
　＝357,799.68円

報酬比例部分の年金額＝A：303,810円＋B：357,799.68円＝661,610円（円未満四捨五入）

なお、1963年3月30日生まれの幸子さんは63歳から「報酬比例部分」の年金が支給される。

【問題50】　正解　（ア）2　（イ）6　（ウ）7

正解のとおり。

【問題51】　正解　（ア）1,900（万円）　（イ）338（万円）　（ウ）10（万円）

（ア）1,900万円

　　ひとみさんが交通事故で死亡したときに支払われる保険金は、終身保険100万円、定期保険
　特約1,000万円、三大疾病保障定期保険特約300万円、傷害特約500万円である。

　　100万円＋1,000万円＋300万円＋500万円＝1,900万円

（イ）338万円

　　子宮頸ガン（悪性新生物）にかかり、22日間入院し、手術をしたときに支払われる保険金・
　給付金は、以下のとおりである。

　三大疾病保障定期保険特約　　300万円

　疾病入院特約　　　　　　　　5,000円×（22日－4日）＝9万円

　疾病入院特約の手術給付金　　5,000円×40倍＝20万円

　女性疾病入院特約　　　　　　5,000円×（22日－4日）＝9万円

　　　　　　　　　　　　　　　300万円＋9万円＋20万円＋9万円＝338万円

（ウ）10万円

　　突発性難聴で18日間入院の後、25日後に同じ病気で6日間入院した場合、疾病入院特約から
　入院給付金が受け取れる。1回目の入院と2回目の入院の間が180日以内であるため、1回目・
　2回目の入院ともに1入院とみなし、1回目の入院のみ4日を差し引く。

　　1回目の入院：5,000円×（18日－4日）＝7万円

　　2回目の入院：5,000円×6日＝3万円

　　7万円＋3万円＝10万円

【問題52】　正解　（ア）50（万円）　（イ）4（万円）　（ウ）70（万円）

（ア）武雄さんの死亡には入院等はともなっていない。したがって入院給付金等の支払いはなく、死
　亡保険金50万円のみの給付となる。

（イ）災害入院給付金5,000円×2日間＝1万円　　通院給付金3,000円×10日間＝3万円

　　1万円＋3万円＝4万円

（ウ）疾病入院給付金5,000円×20日間＝10万円

　　手術給付金10万円

ガン診断治療給付金50万円

10万円＋10万円＋50万円＝70万円

【問題53】　正解　1

(ア)悟さんが加入している個人年金保険の契約日は2012年９月１日である。したがって「2012年１月１日以降に締結した保険契約（新契約）等に係る控除額」が適用になる。

悟さんが2023年１月から12月までに支払った保険料は、8,700円×12月＝104,400円である。年間支払保険料合計が80,000円超となるため、控除額は40,000円である。

(イ)悟さんが毎年受け取る年金は、１年間に受け取る年金額から、必要経費（その年金額に対応する支払保険料を差し引いた金額）が、所得税（雑所得）の対象となる。

(ウ)保険料負担者であり被保険者でもある悟さんが、年金受取り開始前に死亡した場合、死亡給付金受取人に死亡給付金が支払われる。その際、死亡給付金受取人は相続もしくは遺贈により取得したものとみなされ、相続税の課税対象となる。

【問題54】　正解　（ア）5　（イ）1　（ウ）4

(ア)ケガや病気を支払事由とする入院給付金や手術給付金は非課税である。

(イ)みなし相続財産となり、相続税の課税対象となる。相続人が受け取った場合、500万円×法定相続人数分の非課税枠がある。

(ウ)契約者と受取人が同一であるので、受取人の一時所得として所得税の課税対象となる。

【問題55】　正解　1

(ア)＜資料＞上段の２番目に「１売買単位当たりの株式数　100株」とあることから、この企業の１単元（１単位）の株式数は100株。

＜資料＞の【配当】欄に記載されている金額が、各決算期における１株当たり配当金の推移。2022年７月７日に株式を購入し、2024年３月14日に売却した場合、受け取れた配当金は、2022年９月中間決算に基づく配当金（資料より１株当たり40円）と、2023年３月本決算に基づく配当金（資料より１株当たり40円）、2023年９月中間決算に基づく配当金（資料より１株当たり40円）である。したがって、所有期間に係る配当金の受取総額（税引前）は、100株×40円＋100株×40円＋100株×40円＝12,000円、となる。

(イ)＜資料＞【業績】欄から2024年３月期の業績予想を見ると、「税引前利益」は「32,500」（百万円）＝325億円である。また、2025年３月期の業績予想を見ると「税引前利益」は「35,500」（百万円）＝355億円である。したがって、2025年３月期（予想）の税引前利益（355億円）は、2024年３月期（予想）の税引前利益（325億円）と比べ、増加している。

【問題56】　正解　①G　②C　③H　④B

＊甲社と乙社の株式の投資指標を計算すると、次のようになる。

投資指標	甲社	乙社
PER $=\dfrac{株価}{1株当たり利益}\times100$	1株当たり利益 =10億円÷2,000万株=50円 $\dfrac{1,000円}{50円}=20倍$	1株当たり利益 =50億円÷1億株=50円 $\dfrac{250円}{50円}=5倍$
PBR $=\dfrac{株価}{1株当たり純資産}$	1株当たり純資産 =50億円÷2,000万株=250円 $\dfrac{1,000円}{250円}=4倍$	1株当たり純資産 =500億円÷1億株=500円 $\dfrac{250円}{500円}=0.5倍$
配当性向 $=\dfrac{年配当金}{当期純利益}\times100$	年配当金 =20円×2,000万株=4億円 $\dfrac{4億円}{10億円}\times100=40\%$	年配当金 =10円×1億株=10億円 $\dfrac{10億円}{50億円}\times100=20\%$

＊甲社と乙社の株価を比較する場合、一般的には、PERやPBRが低いと割安と言えるので、乙株
　式が割安と考えられる。

【問題57】　正解　（ア）3　（イ）4　（ウ）8

(ア)投資適格債といわれているのは、格付けがBBB（トリプルB）格以上の債券である。

(イ)格付けがBB（ダブルB）格以下の債券を投機的等級の債券という。投機的債券は、信用度が
　　高い債券に比べて利回りは高くなっているので、ハイ・イールド・ボンド（High Yield Bond
　　＝高利回り債券）とも呼ばれ、ジャンク債とも呼ばれる。

(ウ)債券の信用リスクを測るモノサシが格付けである。

【問題58】　正解　3

1．誤り。個人向け国債をはじめとして、国債を発行しているのは国（政府）である。

2．誤り。個人向け国債の利払いは、半年ごとに1回ずつである。

3．正しい。5年満期の個人向け国債の金利タイプは、発行時に決められた金利が満期まで適用さ
　れ続ける固定金利である。

4．誤り。個人向け国債は、10年変動金利型・5年固定金利型・3年固定金利型とも、金利設定の
　元となる基準金利がどれほど低下したとしても、年0.05％を下限金利とするという最低金利の
　保証がある。

【問題59】　正解　1.346(%)

表面利率1.0％、償還価格（額面価格）100円、買付価格99.00円、償還までの残存年数3年なので、
その最終利回りは次のとおり。

$$\dfrac{1.0+\dfrac{100.00-99.00}{3年}}{99.00}\times100=1.3468\cdots\%\fallingdotseq1.346（\%）（小数点以下第4位切り捨て）$$

【問題60】　正解　3

3．が正しい。

(ア)小田さんが受け取った収益分配金（400円）のうち、収益分配前の基準価額（10,550円）から収益分配前の個別元本（10,300円）を差し引いた部分（250円）は、小田さんにとって利益となっている部分からの分配金なので「普通分配金」に該当し、所得税および住民税が課税される。

(イ)小田さんが受け取った収益分配金（400円）のうち、普通分配金（250円）を除く部分（150円）は、元本の払戻しに相当するので、「元本払戻金（特別分配金）」に該当し、非課税となる。

(ウ)小田さんには元本払戻金（特別分配金）が支払われたので、収益分配後の小田さんの個別元本は、元本払戻金（特別分配金）の分だけ下方に修正される。収益分配前の個別元本は10,300円、元本払戻金（特別分配金）は150円なので、収益分配後の小田さんの個別元本は、10,300円－150円＝10,150円になる。

【問題61】　正解　1

1．が正しい。

(ア)投資信託の時価評価額は、保有数量（口数）に基準価額を掛ければ計算できる。ただし、基準価額は1万口当たりの価格であるため、1口当たりの価格にするために、基準価額÷1万を保有数量（口数）に掛けて計算をする。

$$評価額 = 2,689,432口 \times \frac{9,680円}{10,000円} ≒ 2,603,370円$$

(イ)$解約口数 = 1,000,000円 \div \frac{基準価額}{10,000口} = 1,000,000円 \div \frac{9,840円}{10,000口} ≒ 1,016,260口$

あるいは、解約口数＝1,000,000円×10,000口÷9,840円≒1,016,260口

【問題62】　正解　3

1．不適切。外貨預金は預金保険制度の対象外である。

2．不適切。円と外貨を交換する際の為替手数料は、金融機関によって、また通貨や取引方法（店頭取引かネット取引か）によって異なっている。

3．適切。円を外貨に換える預入時の為替相場に比べ、外貨を円に換える払出し時の為替相場が為替手数料を考慮しても円安になっていれば為替差益が得られる。

4．不適切。先物予約を付けない外貨預金の利息については、20％（復興特別所得税を考慮すると20.315％）の源泉分離課税扱いとなるが、元金部分の為替差益は雑所得として課税される。

【問題63】　正解　5.83(％)

・預入時元本：10,000ドル×140円＝1,400,000円

・利息：10,000ドル×4.0％×150円×（1－0.2）＝48,000円

・満期時元本：10,000ドル×150円＝1,500,000円

・元利合計：1,500,000円＋48,000円＝1,548,000円

・実質利回り＝（1,548,000円－1,400,000円）÷1,400,000円×100＝10.571…≒10.57％

【問題64】 正解 （ア）6 （イ）5 （ウ）4

（ア）TTSレート：対顧客電信売相場（例. 円→米ドルの際に使用するレート）

　　　TTBレート：対顧客電信買相場（例. 米ドル→円の際に使用するレート）

　　　CashSelling：米ドル現金を買う場合のレート

　　　CashBuying：米ドル現金を銀行に売る場合のレート

（イ）TTS 143.70円−為替手数料優遇50銭＝143.20円

（ウ）TTM（仲値）とは、TTSとTTBの中間の為替レートのことで、

　　　計算式は、TTM＝（TTS＋TTB）÷2＝（143.70円＋141.70円）÷2＝142.70円

【問題65】 正解 1,491,840円

　米ドル建ての利息額：1万ドル×12％×1ヵ月÷12ヵ月＝100ドル

　利息手取り額（税引き後）：100ドル×（1−0.2）＝80ドル

　米ドル建ての税引き後の元利合計＝1万ドル＋80ドル＝1万80ドル

　満期時の円ベースの税引き後の受取額：1万80ドル×148円＝1,491,840円

【問題66】 正解 1

　遺族年金は非課税であるので、設問の場合の総所得金額は給与所得の金額と同額となる。

　給与所得の金額：180万円−(180万円×40％−10万円)＝118万円

　　　　　　　　　　給与収入　　　　給与所得控除額

【問題67】 正解 4

＊老齢厚生年金および企業年金は雑所得となり、公的年金等控除を差し引くことができるので、所得金額は「300万円−110万円（公的年金等控除額）」で計算される。

＊契約者＝受取人の満期保険金は一時所得となり、特別控除を差し引くことができるので、所得金額は「280万円−180万円（既払込保険料）−50万円（特別控除額）」で計算される。そして、この所得金額の1／2が総所得金額に合算される。

＊したがって、設問の場合、総所得金額は次のようになる。

　（300万円−110万円）＋（280万円−180万円−50万円）×1／2＝215万円

【問題68】 正解 4

　設問の各費用に関して、医療費控除の取り扱いは次のようになっている。

・健康診断の費用：医療費控除の対象とならない（ただし、異常が見つかり治療を受けることになった場合は対象となる）。

・骨折で通院（160,000円）：医療費控除の対象となる。

・病院までのタクシー代（5,400円）：タクシー代は、一般的にはその全ての金額が医療費控除の対象となるわけではないが、病状からみて急を要する場合や、電車、バス等の利用ができない場合には、その全額が医療費控除の対象となる。

・駐車場料金：医療費控除の対象となる通院費は、電車賃やバス賃などのように人的役務の提供の対価として支出されるものをいう。自家用車で通院する場合のガソリン代や駐車場の料金は、医療費控除の対象とはならない。

・健康維持のためのマッサージは医療費控除の対象とならない。

医療費控除の控除額は、「支払い医療費－保険金等で補てんされる金額－10万円（その年の総所得金額等が200万円未満の人は、総所得金額等×５％の金額）」で計算される。

（160,000円＋5,400円）－100,000円＝65,400円

【問題69】　正解　（ア）○　（イ）○　（ウ）×　（エ）○

（ア）正しい。桑原史朗さんの合計所得金額は1,000万円以下。妻の明子さんの給与収入は80万円なので、給与所得の金額（＝合計所得金額）は「80万円－55万円（給与所得控除額）＝25万円」で、48万円以下なので、控除対象配偶者として、配偶者控除（控除額38万円）の対象となる。

（イ）正しい。所得税において，扶養控除の対象となるのは、①納税者と生計を一にしている親族（配偶者を除く）、②16歳以上、③合計所得金額が48万円以下などの要件を満たした場合で、控除額は年齢等に応じて、次のようになっている。

区　分		控除額
一般の控除対象扶養親族（16歳以上19歳未満、23歳以上70歳未満）		38万円
特定扶養親族（19歳以上23歳未満）		63万円
老人扶養親族（70歳以上）	同居老親等以外の者	48万円
	同居老親等（注）	58万円

（注）同居老親等とは、老人扶養親族のうち、納税者又はその配偶者の直系の尊属（父母・祖父母など）で、納税者又はその配偶者と常に同居している人をいう。

長男の健治さんは、「20歳」で「収入なし」とあるので、特定扶養親族として、扶養控除（控除額63万円）の対象となる。

（ウ）誤り。長女の裕子さんは、「13歳」で16歳未満なので、扶養控除の対象とならない。

（エ）正しい。父の弘さんは、「72歳」で「同居」しており、「公的年金収入84万円」（65歳以上の公的年金等控除額は、年金収入330万円以下で、公的年金等以外の所得がない場合110万円なので、雑所得の金額は０円）なので、同居老親等の老人扶養親族として、扶養控除（控除額58万円）の対象となる。

【問題70】　正解　（ア）×　（イ）○　（ウ）×

（ア）誤り。表題部に記載されている面積は内法（うちのり）で計算した面積である。なお、マンションのパンフレットには、壁芯面積で記載されている。

（イ）正しい。表題部の所有者の下に下線が引かれていることから、(株)ひまわり不動産が削除され、権利部（甲区）の「権利者その他の事項」欄に所有者が目黒悠斗さんとして所有権保存登記されていることが分かる。

（ウ）誤り。抵当権設定に関する登記事項は、権利部（乙区）に記載される。

【問題71】　正解　①○　②○　③×　④○

①正しい。

②正しい。抵当権設定における金銭消費貸借同日設定の日付は、土地の売買契約日ではなく、通常は住宅ローンの借入れ日としている。

③誤り。最初に金融機関が抵当権を設定した後でも、他の金融機関が後順位で抵当権を設定できる。

④正しい。

【問題72】 正解 （ア）〇 （イ）〇 （ウ）〇 （エ）×

（ア）正しい。「不動産の表示に関する公正競争規約」では、徒歩による所要時間は道路距離80mを
　　１分間として表示し、１分未満の端数は切り上げることとしている。設問の広告では、〇〇線
　　△△駅から物件までは徒歩12分と表示しているので、道路距離は、「80m×11分＝880m」超「80m
　　×12分＝960m」以下である。

（イ）正しい。この物件がある用途地域は準工業地域内であるので、幼稚園や小学校を建築すること
　　ができる。幼稚園や小学校を建築できない用途地域は、工業地域と工業専用地域である。

（ウ）正しい。取引態様が専属専任媒介となっているので、この物件を購入する場合、通常、宅地建
　　物取引業者に媒介業務に係る報酬（仲介手数料）を支払う。

（エ）誤り。マンションの広告では物件の専有面積は壁芯面積（柱や壁の厚みの中心線から測られた
　　床面積）で記載されているが、登記簿上の面積は内法（うちのり）面積（壁で囲まれた内側だ
　　けの床面積）で記載される。壁芯面積と内法面積では、内法面積のほうが小さい。

【問題73】 正解 1

1．誤り。専有面積には、バルコニー面積は含まれない。

2．正しい。マンション広告等の表記として用いられる専有面積は壁芯面積であるが、登記簿上の
　　面積は内法（うちのり）面積である。内法面積は、壁芯面積よりも小さい。

3．4．正しい。

【問題74】 正解 2

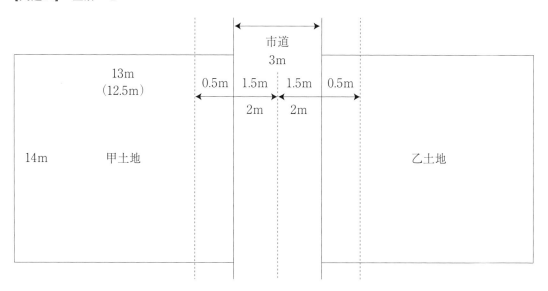

　建築基準法上、建築物を建てることができる敷地は、建築基準法上の道路に２m以上接していな
ければならない。建築基準法上の道路とは、原則４m以上の道路をいうが、建築基準法が施行され
た当時すでに存していた幅員４m未満の道路も道路とみなすことにして、建築物の建築を可能とし
たが、その場合、道路中心線から２mの線が道路境界線とされ、敷地をその分後退しなければなら
ない。これをいわゆるセットバックといい、建築基準法42条２項に規定されている。甲土地・乙土

地であれば、それぞれセットバックすれば接する道路は4m道路となる。

一方、セットバックした敷地を基にして建築面積や延べ面積の最高限度が決められる。甲土地の場合、0.5mセットバックするので、敷地面積は12.5m×14m＝175㎡となり、建築面積の最高限度は、175㎡×6／10（建ぺい率）＝105.0㎡となる。

【問題75】 正解 360（㎡）

建物の延べ面積の最高限度は、容積率を使って計算されるが、幅員12m未満の道路に接する敷地では、（イ）「指定容積率」と（ロ）「前面道路幅員（4m未満の場合は4m）×6／10（住居系用途地域では4／10)」のいずれか低い方の容積率が適用される。

（1）容積率の判定
  ・指定容積率：20／10
  ・前面道路幅員による容積率の制限：6（m）×4／10＝24／10
  20／10＜24／10 ∴20／10
（2）延べ面積の最高限度
  180㎡×20／10＝360㎡

【問題76】 正解 1

設問の場合、課税長期譲渡所得は次のようになる。なお、取得費が不明の場合、「売却価格×5％」を概算取得費とすることができる。

$$\underset{\text{売却価格}}{7,500万円} - (\underset{\text{概算取得費}}{7,500万円×5％} + \underset{\text{譲渡費用}}{200万円}) - \underset{\text{特別控除}}{3,000万円} = \underset{\text{課税長期譲渡所得}}{3,925万円}$$

【問題77】 正解 468（万円）

土地の譲渡の場合、譲渡した年の1月1日現在で、所有期間が5年超なら長期譲渡、5年以下なら短期譲渡となり、適用される税率が異なってくる。設問の土地は、2019年10月6日に取得して2024年11月26日に譲渡している。実際の所有期間は5年を超えているが、譲渡した年＝2024年1月1日現在では所有期間は4年3ヵ月弱で5年以下なので、設問の譲渡は短期譲渡となる。

所得税・住民税の合計額：1,200万円（課税譲渡所得金額）×39％（所得税＋住民税）＝468万円

【問題78】 正解 （ア）1／2 （イ）1／4 （ウ）1／8

設問の場合、民法上の相続人は、妻、長男、孫C・孫D（長女の代襲相続人）で、法定相続分は、妻は（相続人が配偶者と子なので）1／2、長男は（子の相続分1／2を2人で均等に按分するので）1／2×1／2＝1／4、孫C・孫Dはそれぞれ（親＝長女の相続分1／4を均等に按分するので）1／4×1／2＝1／8である。

【問題79】 正解 ①1／2 ②1／8 ③1／8 ④なし ⑤1／16

② 1／2×1／4＝1／8
③ 相続放棄した者は、民法上は相続人ではないが、相続税法上は法定相続人としてカウントされる。1／2×1／4＝1／8
④ 相続人ではないので、法定相続分はなし。
⑤ 親の権利の代襲相続分として、各人1／2ずつ受ける。1／2×1／4×1／2＝1／16

【問題80】 正解 （ア）10,500(万円) （イ）5,400(万円)

（ア）課税価格の合計額：2,000万円（土地）＋2,000万円（建物）＋4,000万円（預貯金）＋2,000万円（投資信託）＋2,000万円（死亡保険金）－2,000万円（死亡保険金の非課税）＋1,500万円（死亡退職金）－1,500万円（死亡退職金の非課税）－500万円（債務・葬儀費用）＋1,000万円（相続時精算課税制度で贈与を受けた上場株式）＝10,500万円

　　なお、死亡保険金、死亡退職金の場合、「500万円×法定相続人の数」の非課税限度額が認められている。設問の場合、法定相続人の数は4人（妻、長男、長女、二男）となる。死亡退職金の場合、死亡退職金が1,500万円なので、非課税金額も1,500万円となる。また、相続時精算課税制度で贈与を受けた財産は、贈与時の価額で相続税の課税価格に算入する。

（イ）法定相続人の数には相続放棄の者も含める。3,000万円＋600万円×4人＝5,400万円

【問題81】 正解 1

＊相続税の課税価格の合計額：800万円（土地・小規模宅地等の特例適用後）＋1,000万円（建物）＋4,500万円（現預金）＋1,500万円（死亡保険金）－1,500万円（死亡保険金の非課税金額・注）－500万円（債務・葬式費用）＝5,800万円

(注)死亡保険金の非課税金額

　　非課税限度額＝500万円×法定相続人の数(設問の場合、配偶者・長男・孫の3人)＝1,500万円

【問題82】 正解 （ア）1 （イ）1 （ウ）2

（ア）相続開始前3年以内（2024年1月1日から順次延長）の贈与財産は、相続財産に加算されるが、贈与税の配偶者控除の適用を受けている財産は相続財産に加算されない。したがって、妻の相続税の課税価格に加算する贈与財産の合計金額は「ない（0円である）」。

（イ）「住宅取得等資金の贈与を受けた場合の贈与税の非課税」とは、父母や祖父母などの直系尊属から住宅取得等資金の贈与を受けた場合、要件を満たせば一定の金額（2020年4月1日～2026年12月31日の贈与については1,000万円など）が非課税となる特例であるが、この特例を受けた財産は相続財産に加算されない。したがって、長男の相続税の課税価格に加算する贈与財産の合計金額は「ない（0円である）」。

（ウ）相続時精算課税制度の適用を受けた財産は贈与時の価額で相続財産に加算される。したがって、二男の相続税の課税価格に加算する贈与財産の合計金額は「500万円である」。なお、相続時精算課税制度の改正により、2024年1月1日以降の贈与においては、毎年110万円の基礎控除の適用がある。よって、贈与時期に注意する必要がある。

【問題83】 正解 2

　2．が適切。

（ア）相続税の計算における「配偶者に対する相続税額の軽減」の場合、被相続人と配偶者との婚姻期間の制限はない。なお、贈与税の配偶者控除では、婚姻期間20年以上という要件がある。

（イ）「配偶者に対する相続税額の軽減」の適用を受けると、配偶者が取得した正味の遺産額が、1億6,000万円または配偶者の法定相続分相当額のどちらか大きい金額までであれば、配偶者には相続税がかからない。

（ウ）申告期限までに分割されていない財産は「配偶者に対する相続税額の軽減」の対象にならない。

ただし、所定の届出を行ったうえで申告期限から３年以内に分割された場合は、税額軽減の対象になる。

【問題84】　正解　3

　路線価方式による宅地評価では、二路線（正面・側方）に接する宅地は、次のように計算する。

　（正面路線価×奥行価格補正率）＋（側方路線価×奥行価格補正率×側方路線影響加算率）

　　＝１㎡当たりの価額

（注）路線価に奥行価格補正率を乗じた価額が高い方が正面路線価になる。

　　１㎡当たりの価額×地積＝自用地評価額

　資料の路線価図の「200D」「180D」は、１㎡当たりの路線価が200千円・180千円で、借地権割合が60％であることを表している（ここでは借地権割合は使用しない）。したがって、本問の土地の評価額は、次のようにして計算される。

　　（200,000円×1.00）＋（180,000円×1.00×0.08）＝214,400円

　　214,400円×480㎡＝102,912,000円

【問題85】　正解　2

　路線価方式による宅地評価では、１つの道路に接する宅地は、通常次のように計算する。

　　（路線価×奥行価格補正率）×地積＝自用地評価額

　借地権は、「自用地評価額×借地権割合」で評価する。

　資料の路線価図の「250C」は、１㎡当たりの路線価が250千円で、Ｃは借地権割合を表すが、表より借地権割合は70％である。したがって、設問の土地の評価額は、次のようにして計算される。

　　250,000円×1.00×400㎡×70％＝70,000,000円

書籍の正誤についてのお問い合わせ

内容について、万一誤りと思われる箇所がありましたら、以下の方法でご確認いただきますよう、お願い申し上げます。

なお、正誤のお問い合わせ以外の内容に関する解説・受検指導等は行っていません。そのようなお問い合わせにつきましては、お答え致しかねますので、ご了承ください。

❶ 正誤表の確認方法

当社ホームページのトップページから「正誤表」コーナーにアクセスいただき、正誤表をご確認ください。

https://www.kindai-sales.co.jp/

❷ 正誤のお問い合わせ方法

正誤表がない場合、あるいは正誤表があっても疑問の箇所が掲載されていない場合は、書名、発行年月日、お客様のお名前、ご連絡先を明記の上、下記のいずれかの方法でお問い合わせください。

なお、回答までに時間を要する場合もございますので、あらかじめご了承ください。

文書でのお問い合わせ	郵送先： 〒165-0026　東京都中野区新井2-10-11　ヤシマ1804ビル4階　（株）近代セールス社 出版企画室 正誤問い合わせ係
FAXでのお問い合わせ	FAX番号：**03−6866−7593**
e-mailでのお問い合わせ	アドレス：book-k@kindai-sales.co.jp

＊お電話でのお問い合わせは、お受けできませんので、ご了承ください。

執筆協力者
（50音順、敬称略）

置鮎　謙治

佐藤　正明

田中　卓也

深澤　　泉

目黒　政明

望月　厚子

八ツ井慶子

2024年度版

FP技能検定２級試験対策マル秘ノート
〈実技・資産設計提案業務〉
～試験の達人がまとめた29項

2024年6月20日　初版

編　者──FP技能検定対策研究会

発行者──楠　真一郎

発　行──株式会社　近代セールス社

〒165-0026 東京都中野区新井2-10-11 ヤシマ1804ビル4階
電　話（03）6866-7586
ＦＡＸ（03）6866-7596
https://www.kindai-sales.co.jp

印刷・製本─株式会社　アド・ティーエフ

★覚えておきたい数値一覧★

●金　額●

38万円	・配偶者控除（納税者本人の所得が900万円以下の場合） ・扶養控除（16歳以上19歳未満、23歳以上70歳未満）など
48万円	所得税の基礎控除（合計所得2,400万円以下の場合）
48万円以下	配偶者控除、扶養控除の合計所得金額要件
50万円	一時所得の特別控除など
50万円超	年金と総報酬月額相当額の合計額が50万円を超えると、年金額の一部または全部が支給停止となる（在職老齢年金）
63万円	所得税の特定扶養親族（19歳以上23歳未満）の扶養控除
81万6,000円	老齢基礎年金の年金額（1956年4月2日以降生まれの人の2024年度の満額）。1956年4月1日以前生まれの人は81万3,700円
110万円	贈与税の基礎控除
240万円・120万円	新NISAの年間の非課税投資枠（成長投資枠240万円・つみたて投資枠120万円）
1,000万円	・大口定期預金の最低預入額 ・所得税の配偶者控除、配偶者特別控除は、納税者本人の合計所得額が1,000万円を超えると適用を受けることができない ・直系尊属から結婚・子育て資金の一括贈与を受けた場合の贈与税の非課税限度額
1,500万円	直系尊属から教育資金の一括贈与を受けた場合の贈与税の非課税限度額
1,800万円	新NISAの非課税保有限度額（生涯投資枠）。内枠で成長投資枠の限度額は1,200万円
2,000万円	・贈与税の配偶者控除 ・給与所得者が2,000万円を超える場合、確定申告が必要
2,500万円	相続時精算課税制度における贈与税の非課税枠（特別控除）
3,000万円	居住用財産を譲渡したときの特別控除

●幅・面積●

2m以上	建物を建築する敷地は、建築基準法上の道路に2m以上接していなければならない
4m以上	建築基準法上の道路は、原則幅員4m以上の道路
12m未満	道路幅員による容積率制限 $\begin{cases} 住居系＝前面道路幅員×4／10 \\ 商業・工業系＝前面道路幅員×6／10 \end{cases}$
50㎡以上 （40㎡以上）	住宅借入金等特別控除を受けるための床面積要件。合計所得金額が1,000万円以下の者に限り、40㎡以上50㎡未満も対象となる。
200㎡	小規模宅地等の減額特例の対象面積（貸付事業用宅地の場合）。減額割合は50％
330㎡	小規模宅地等の減額特例の対象面積（特定居住用宅地の場合）。減額割合は80％
400㎡	小規模宅地等の減額特例の対象面積（特定事業用宅地の場合）。減額割合は80％